KB214661

생각을 깨우는 헬라어 365

김성희 지음

봄이다 프로젝트

저자 김성희 | 기독연구원 느헤미야 연구위원

이화여대 기독교학과와 동대학원에서 수학하고,
미국 듀크대학(Duke Divinity School)에서 M.Div.를,
드류대학교(Drew Univ.)에서 Ph.D.를 받았다.
박사학위 논문 "Mark, Women, and Empire"는
2010년 영국 쉐필드 출판사에서 출간되었다.
미국 감리교에서 목사안수 과정을 시작해
한국기독교대한감리회로 이전하여 안수를 받았다.
이화여대, 연세대, 감신대, 협성대, 목원대, 한세대 등 여러 신학기관에서
신약학을 가르쳐왔고, 현재 연세대학교 신약학 겸임교수이며,
안산대학교에서 기독교 교양과목을 담당하고 있다.
2023년부터 기독연구원 느헤미야 연구위원을 맡고 있다.

생각을 깨우는 헬라어 365

김성희 지음

저자의 말

하나님을 알아가는 지식이 더 깊어지기를, 그리고 우리를 새롭게 하고 날마다 변화시키기를

익히 알고 있는 대로 구약성경의 원문은 히브리어로, 신약성경의 원문은 헬라어로 쓰여졌다. 물론 우리가 가지고 있는 지금의 성경 본문은 '원문'이라기보다는 사본들의 재구성으로, 여러 차례의 본문비평 과정을 통해 이루어지는 원문의 복원작업은 지금도 업데이트 되고 있는 중이다. 그럼에도 불구하고 성경 본문을 원어로 접근해 읽는다는 것은 우리에게 새로운 경험을 제공한다.
헬라어 성경이 다른 나라 언어로 번역될 때 여러 시대적, 문화적, 공간적 차이 때문에 잘 전달되지 못하거나 의역되는 경우가 있다. 물론 그러한 차이로 인해 하나님께서 우리에게 말씀을 하지 못하시는 것은 아니다. 문자를 뛰어넘어 우리와 소통하기를 원하시는 하나님께는 어떠한 걸림돌도 없기 때문이다. 그러나 신약성경을 읽을 때 헬라어 단어를 알고 그 단어 구성의 배경을 알게 되면 우리는 "아하!" 하고 깨닫는 순간을 더 자주 맛볼 수 있다.
이 책은 헬라어를 전혀 몰라도 헬라어에 대한 쉬운 접근으로 신약성경의 구절들을 좀더 깊이 이해할 수 있도록 구성되었다. 헬라어의 알파벳은 영어와 비슷하기에 익숙하고, 한국어 발음도 함께 표기했기에 쉽게 읽을 수 있다. 신약성경 본문 365개 구절은 우리에게 가장 익숙하고, 가장 많이 사랑받는 구절들로 선택했다. 그리고 그 구절 안에서 대표적인 헬라어를 소개했고, 헬라어의 원뜻이 성경 구절 안에서 어떤 의미로 기능하고 있는지 함께 설명했다. 그래서 신학생, 목회자는 물론이고 성경을 사랑하는 모든 평신도들이 쉽게 헬라어를 배우고, 헬라어를 통해 신약성경을 이해하는 데 큰 도움이 될 것이라 생각한다. 매일 한 단어씩, 그리고 그 단어가 사용되고 있는 성경 구절 읽기를 통해 하나님을 알아가는 지식이 더 깊어질 수 있기를, 그리고 그것이 우리를 새롭게 하고 날마다 변화시켜 하나님께서 원하시는 하나님 나라의 자녀다운 성숙함에 다다를 수 있기를 기도한다.

봄이다 프로젝트와 함께 일하면서 참 귀한 분들이 좋은 책들을 출판하기 위해 수고하고 있다는 것을 깨닫게 되었다. 언제나 친절하게, 그러나 확실하게 일을 이끌어가는 이나경 편집주간을 비롯해 작업에 함께하신 봄이다 프로젝트 여러분들에게 감사의 마음을 전한다. 그리고 이 책을 쓸 수 있도록 추천해주고 격려해주신 기독연구원 느헤미야 김근주 교수님께도 감사드린다. 끝으로, 일하고 공부할 수 있도록 언제나 큰 사랑을 베풀어준 가족들에게 고마운 마음을 전한다.

<생각을 깨우는 헬라어 365>가 신학생들에게는 신약성경의 헬라어 공부를 시작하게 되는 디딤돌이 될 수 있기를, 목회자님들에게는 설교 준비에 조금 더 깊은 영감을 드릴 수 있기를, 평신도들에게는 "야, 나도 헬라어 할 수 있어!"라는 자신감을 심어드리기를, 그래서 우리 모두 하나님께로 한 걸음 더 가까이 갈 수 있기를 기도한다.

2024. 3.

봄을 맞이하며, 김성희

001

ἀγάπη 아가페

하나님의 **사랑**이 우리에게 이렇게 드러났으니, 곧 하나님이 자기 외아들을 세상에 보내주셔서 우리로 하여금 그로 말미암아 살게 해주신 것입니다. _ 요일 4:9

그리스도의 복음을 가장 잘 대표하고 있는 단어는 **아가페**(사랑)다. 동사 아가파오(ἀγαπάώ, 사랑하다)의 명사형이며, 다양한 종류의 사랑을 나타내는 헬라어 에로스(eros, 열정적인, 성적인 사랑), 스토르게(storge, 부모와 자녀간의 사랑), 필리아(philia, 친구의 우정 관계), 아가페(agape, 신적인 사랑) 중, **아가페**는 일방적이며 희생적인, 어떤 이득을 바라지 않고 전달하는 가장 순수하고 신적인 고귀한 사랑을 의미한다. 하나님께서는 이러한 인간에 대한 사랑의 표시로 예수 그리스도를 우리에게 보내주셨고, 예수님께서는 우리에게 **아가페**적인 사랑을 실천하셨으며, 우리로 하여금 이러한 사랑의 본을 따르도록 요구하신다.

ἀλήθεια 알레떼이아

너희는 **진리**를 알게 될 것이며, 진리가 너희를 자유롭게 할 것이다.
_ 요 8:32

'진리'라는 뜻의 **알레떼이아**는 그리스 문화에서 '숨김이 없는 사실, 올바름 그 자체, 또는 옳은 것에 대한 내용, 실재적 사건이나 상태'를 의미하며, 법정 용어로 '진술의 올바름'을 의미하기도 한다. 성경에서는 신성한 계시, 우리가 알아야 할 목적과 대상이라는 의미로 사용되는데, 그것은 바로 예수 그리스도, 복음 그 자체를 뜻하기도 한다. 예수 그리스도를 통해 숨김없이 드러난 하나님의 계시, 정의로움, 올바름 그 자체를 의미하며 그 안에는 하나님의 신성함이 내포되어 있다. 우리가 이러한 진리를 알게 될 때 그 진리는 모든 욕심, 집착, 근심으로부터 우리를 해방시킬 것이다.

003

λόγος 로고스

태초에 '**말씀**'이 계셨다. 그 '**말씀**'은 하나님과 함께 계셨다. 그 '**말씀**'은 하나님이셨다. _ 요 1:1

'말씀'이란 의미의 **로고스**에는 다양한 뜻이 있다. 정신의 활동과 관련해서는 '이성, 생각, 설명'의 의미가 있고, 이것은 '진리, 지식, 가치, 법, 자연, 영'이란 의미로 확장된다. 네오-플라토니즘 철학에서는 이 **로고스**가 무엇인가를 형성하고 지배하는 동력이기도 하다. 이 세상이 창조되기 전, **로고스**가 하나님과 함께 계셨고, 그 **로고스**로 말미암아 세상이 창조되었다. 하나님의 일부이기도 한 **로고스**가 육신이 되신 분이 바로 예수 그리스도다. 우리의 생각에서, 사용하는 말에서, 행동에서 이 **로고스**가 주님의 말씀으로 사용되도록 우리를 하나님께 드려야 할 것이다.

004

ἅγιος πνεῦμα 하기오스 프뉴마

성령이 너희에게 내리시면, 너희는 능력을 받고, 예루살렘과 온 유대와 사마리아에서, 그리고 마침내 땅 끝에까지 이르러 내 증인이 될 것이다.
_ 행 1:8

하기오스는 '거룩한'이란 의미다. 성경에서 많이 나오는 형용사로, '**하기오스** 떼오스' 하면 거룩한 하나님, '**하기오스** 예수스' 하면 거룩한 예수님, '**하기오스 프뉴마**' 하면 '거룩한 영', 즉 '성령'이다. **프뉴마**는 '영'이란 의미로 독립적으로 사용되기도 하고, **하기오스 프뉴마**라고 해서 함께 사용되기도 한다. 거룩한 영인 성령은 보이지 않는 하나님, 예수님을 믿게 하는 또 다른 삼위일체 하나님이고, 우리를 도와주고 인도하시는 분이다. 하나님께서는 예수님 이후의 시대를 '성령의 시대'로 이끌고 계신다.

005

ἐκκλησία 에클레시아

하나님께서는 만물을 그리스도의 발 아래 굴복시키시고, 그분을 만물 위에 **교회**의 머리로 삼으셨습니다. **교회**는 그리스도의 몸이요, 만물 안에서 만물을 충만케 하시는 분의 충만함입니다. _ 엡 1:22-23

에클레시아는 '회중들의 모임'이란 의미로 '교회'를 지칭한다. 그리스의 아테네 아고라 광장에서 모여 함께 철학을 나누고 배우는 모임을 **에클레시아**라 부르기도 했다. 전치사 엑크(ἐκ)와 '부르다'라는 동사 칼레오(καλέω)가 만나서 '~로부터 불러낸 모임'을 의미한다. 하나님께서 세상으로부터 우리를 부르셔서 성령을 통해 만드신 모임이 바로 교회이며, 이 교회의 머리는 예수 그리스도다. 우리는 그 교회를 구성하는 각 지체이며, 주님의 이름으로 모인 교회 가운데 임마누엘 하나님께서 함께하신다.

조에

나는 부활이요 **생명**이니, 나를 믿는 사람은 죽어도 살고, 살아서 나를 믿는 사람은 영원히 죽지 아니할 것이다. 네가 이것을 믿느냐?
_ 요 11:25-26

조에는 생명을 말한다. 살아가다 live와 같은 동사 자오(ζάω)의 명사형이며, 구원의 다른 이름이기도 하다. 우리가 '구원받는다'라는 것은 우리 안에 '생명이 있다'라는 것이고, 이 생명은 단순한 호흡이 아닌 '영적인 숨'이다. 이 생명이 바로 예수 그리스도이며, 예수님을 믿는 사람은 영원한 영적인 호흡을 하기 때문에 죽지 않고 영원히 살아가는 것이다. 이러한 영원한 생명은 예수님께서 부활하심으로 우리에게 보여주셨다. 생명을 주시기 위해 십자가에 달려 돌아가시고 부활하신 예수님을 믿고 따를 때, 우리 안에 생명이 주어진다.

εὐαγγέλιον 유앙겔리온

나는 **복음**을 부끄러워하지 않습니다. 이 **복음**은 유대 사람을 비롯하여 그리스 사람에게 이르기까지 모든 믿는 사람을 구원하는 하나님의 능력입니다. _ 롬 1:16

유앙겔리온은 굿 뉴스, 즉 좋은 소식이다. '좋은'을 의미하는 접두어 유(εὖ)와 '소식'을 의미하는 앙겔리온(ἀγγεῖον)이 합쳐져서 '좋은 소식'이란 뜻이다. 이 단어는 그리스-로마 시대에 황제의 즉위식, 새로운 시대의 도래, 왕자의 탄생, 전쟁에서의 승리의 상황에서 사용되던 용어였다. 이것이 기독교에서 사용되면서 '그리스도의 왕 되심, 새로운 시대로의 도래, 악으로부터의 승리, 하나님나라의 소식'이라는 의미를 가진다. 바울이 자랑했던 이 '복음'은 오늘날 우리 안에서 역사하시는 하나님의 능력이다.

δύναμις 뒤나미스

온 무리가 예수에게 손이라도 대보려고 애를 썼다. 예수에게서 **능력**이 나와서 그들을 모두 낫게 하였기 때문이다. _ 눅 6:19

뒤나미스는 힘의 작용을 나타내는 '능력, 권력' 등을 의미한다. 성경에서는 일하시는 하나님의 권능이나 예수님의 능력 등을 설명할 때 자주 사용된다. 많은 사람들이 예수님의 옷자락에라도 닿고 싶어 했던 이유는 예수님이 바로 이러한 능력의 근원이심을 알았기 때문이다. 그러나 **뒤나미스**는 하나님, 예수님, 성령님에게만 속한 것이 아니다. 하나님께서는 우리에게도 이러한 **뒤나미스**를 주셨다. 하늘에서 오는 **뒤나미스**로 말미암아 우리는 하나님의 일을 할 수 있다.

σωτηρία 소테리아

여러분은 지금이 어느 때인지 압니다. 잠에서 깨어나야 할 때가 벌써 되었습니다. 지금은 우리의 **구원**이 우리가 처음 믿을 때보다 더 가까워졌습니다. _ 롬 13:11

소테리아는 '구원'을 의미한다. '구원하다'라는 동사 소조(σῴζω)의 명사형으로 '살리다, 치유하다'라는 의미가 있다. 예수님께서 아픈 자들을 치유하고 살리실 때, 또는 삭개오처럼 삶의 변화가 일어났을 때 구원이라는 의미를 사용하셨다. 이것으로 구원은 미래적 의미가 아니라 현재적, 실질적 의미를 내포하고 있음을 알 수 있다. 그러나 예수님의 부활 이후, 구원은 미래적 의미로 사도들에 의해 사용되었고, 구원의 완성은 종말의 끝, 예수님의 재림으로 이루어질 것으로 대망한다.

προσκυνέω 프로스퀴네오

참되게 **예배**를 드리는 사람들이 영과 진리로 아버지께 **예배**를 드릴 때가 온다. 지금이 바로 그때이다. 아버지께서는 이렇게 **예배**를 드리는 사람들을 찾으신다. _ 요 4:23

'예배를 드리다'의 **프로스퀴네오**는 '~을 향하여, ~ 앞에서'라는 전치사 프로스(πρός)를 덧붙여 문자적으로는 '~을 향해 엎드리다, ~를 경배하다, ~ 앞에서 경의를 표하다' 등의 의미다. 하나님께 예배를 드린다는 것은 하나님을 향해 완전히 엎드려 경배하고 경의를 표한다는 뜻이다. 그만큼 하나님을 진심으로 찬양하고, 그분의 존재 앞에 우리가 완전히 낮아져 하나님을 인정하고 겸손히 살아간다는 것을 뜻한다.

προσεύχομαι 프로슈코마이

항상 기뻐하십시오. 끊임없이 **기도하십시오**. 모든 일에 감사하십시오. 이것이 그리스도 예수 안에서 여러분에게 바라는 하나님의 뜻입니다.
_ 살전 5:16-18

'기도하다'라는 뜻의 **프로슈코마이**는 '~을 향하여, ~ 앞에서'라는 전치사 프로스(πρός), 그리고 '기도하다, 원하다'라는 뜻의 유코마이(εὔχομαι)가 합쳐져 '~를 향해 기도하다'라는 의미다. 기도는 하나님을 향해 우리의 마음을 전하는 것이자, 하나님과 소통하는 도구다. 기도를 통해 우리는 하나님과 대화하며 하나님의 뜻을 알 수 있다. 사도 바울은 하나님의 뜻이 바로 우리가 항상 기뻐하고, 지속적으로 기도하며, 모든 일에 감사하는 것에 있다고 이야기한다. **프로슈코마이**. 하나님을 향해 우리의 마음을 전달하고, 하나님께서 무엇이라 말씀하시는지 듣도록 하자.

χάριϛ 카리스

나는 여러분이 그리스도 예수 안에서 받은 하나님의 **은혜**를 생각하고, 여러분의 일로 언제나 하나님께 감사를 드립니다. _ 고전 1:4

카리스는 누군가에게 베푸는 자비롭고 선한 의지의 실천을 의미한다. 또한 관대함과 자비함으로 예외적인, 또는 상상을 초월하는 결과가 발생하는 상태를 뜻한다. 예수 그리스도를 우리에게 보내주신 것이 바로 하나님의 **카리스**(은혜)이며, 그것을 우리는 늘 감사하며 살아가야 한다. **카리스**에서 나온 단어가 요즘 우리가 많이 사용하는 카리스마(χάρισμα)라는 말이다. 카리스마는 일반적으로 어떤 지도력을 의미할 때 사용하지만, 이는 **카리스**와 연결된 명사형으로 '자비롭게 주어진 특별한 선물'이란 뜻이다.

013

εὐλογέω 율로게오

예수께서 빵 다섯 개와 물고기 두 마리를 들어서, 하늘을 쳐다보고 **축복하신** 다음에, 빵을 떼어서 제자들에게 주시고 사람들에게 나누어주게 하셨다. _ 막 6:41

율로게오는 예수님께서 오병이어나 사병이어, 마지막 만찬, 엠마오로 가는 두 제자와의 식사에서 주로 '축복하다, 축사하다'의 뜻으로 사용된다. 접두어 유(εὖ)는 '좋은'이란 의미가 있고, 로게오(λογέω)는 '말, 언어'의 복수 형태인 로기아(λόγια)와 관련된 뜻으로 '좋은 말을 하다, 칭찬하다, 축복하다'의 의미로 사용된다. 예수님께서 음식을 **율로게오**(축복하다)했다는 것은, 음식에게 칭찬하고 좋은 말을 했다는 의미다. 이 음식이 우리에게 영육의 양식이 되도록 예수님께서 축복하신 것이며, 예수님께서 축복하신 음식을 먹을 때, 제자들은 하나님의 기적을 보거나 깨달음을 얻게 되었다. 우리도 우리가 먹는 음식 앞에서 먼저 **율로게오** 해보는 것은 어떨까?

ἀνάστασις 아나스타시스

예수께서 마르다에게 말씀하셨다. "나는 **부활**이요 생명이니, 나를 믿는 사람은 죽어도 살고, 살아서 나를 믿는 사람은 영원히 죽지 아니할 것이다. 네가 이것을 믿느냐?" _ 요 11:25-26

아나스타시스는 부활을 의미한다. 아나(ἀνά)는 '위로, 다시'라는 전치사이고, 스타시스(στάσις)는 '일어나다, 서다'라는 동사 히스테미(ἵστημι)에서 왔다. 그러므로 **아나스타시스**의 문자적 의미는 '일어남'을 뜻하고, 이것은 더 좋은 상태로의 변화를 뜻한다. 예수님께서 "나는 부활이요 생명"이라고 말씀하신 것은 예수님께서 실제적으로 죽음으로부터 다시 살아나시기도 하셨고, 더 좋은 상태로 변화하셨다는 뜻이기도 하다. 부활이요, 생명이신 예수님을 믿을 때 우리 역시 더 좋은 상태로 변화되어 생명을 소유하게 된다.

015

υἱός 휘오스

예수께서 물 속에서 막 올라오시는데, 하늘이 갈라지고, 성령이 비둘기 같이 자기에게 내려오는 것을 보셨다. 그리고 하늘로부터 소리가 났다. "너는 내 사랑하는 **아들**이다. 내가 너를 좋아한다." _ 막 1:10-11

'아들'이란 의미의 **휘오스**는 일반적으로 '자녀'란 의미로도 통용되었지만, 딸이란 의미의 '뛰가떼르'(θυγάτηρ)라는 표현이 있다. 하나님과 예수님과 성령님 모두 삼위일체 하나님이지만, 하나님과 예수님의 관계를 설명할 때 아버지와 아들이라는 의미로 표현했다. 하나님과 예수님의 관계를 부모와 자녀와의 관계로 설명하는 것은 삼위일체 하나님을 이해하기 위한 표현이고, 하나님과 우리들과의 관계를 설명하기 위한 표현이기도 하다. 우리도 모두 하나님의 자녀이며, 하늘에서부터 예수님께 들려온 음성은 우리에게도 동일하게 말씀하시는 내용이다. 즉 우리는 하나님의 사랑하는 자녀이며, 하나님께서 참 좋아하시는 당사자들이다.

ἄγγελος 앙겔로스

천사가 마리아에게 대답하였다. "성령이 그대에게 임하시고, 더없이 높으신 분의 능력이 그대를 감싸줄 것이다. 그러므로 태어날 아기는 거룩한 분이요, 하나님의 아들이라 불릴 것이다." _ 눅 1:35

앙겔로스는 천사다. 앙겔로(ἀγγέλλω)라는 동사에서 온 것으로 '알리다, 발표하다'라는 뜻을 갖고 있다. 그러므로 **앙겔로스**는 알리는 사람, 발표하는 사람, 즉 메신저의 의미가 있다. 천사는 하나님에 의해 사람들에게 하나님의 뜻을 전하기 위해 선택된 메신저다. 가브리엘 천사는 마리아에게 수태고지를 알리며 예수님의 탄생을 예고했다. 또한 **앙겔로스**는 하나님의 심부름꾼으로 하나님과 인간 사이의 가교 역할을 하며, 하나님의 선교를 실행하기 위해 능력을 발휘할 수 있는 초자연적인 존재로 기능한다.

017

δικαιοσύνη 디카이오쉬네

그러나 이제는 율법과는 상관없이 하나님의 **의**가 나타났습니다. 그것은 율법과 예언자들이 증언한 것입니다. _ 롬 3:21

'의'라는 의미의 **디카이오쉬네**는 히브리어 쩨다카(צְדָקָה)와 미슈파트(מִשְׁפָּט)를 통합하는 뜻을 갖고 있다. 복음서에서는 주로 하나님의 정의로움, 공의로움, 하나님의 본성을 드러내는 용어로 쓰이고, 바울서신에서는 하나님과 인간의 관계적 차원에서 법률적 용어로 사용된다. 즉 우리의 어떠함과 상관없이 하나님께서 의롭다고 선언해주시는 것, 그 의로움이 바로 **디카이오쉬네**다. 하나님께서 예수 그리스도의 십자가와 부활 사건으로 선언하시는 **디카이오쉬네**로 인해 우리는 구원을 얻는다.

πίστις 피스티스

그런데 하나님의 의는 예수 그리스도를 믿는 **믿음**을 통하여 오는 것인데, 모든 **믿는** 사람에게 미칩니다. 거기에는 아무 차별이 없습니다.
_ 롬 3:22

'믿음'을 의미하는 **피스티스**는 '믿다'라는 동사 피스튜오(πιστεύω)에서 온 명사형이다. 기본적으로는 우리가 '~을 믿다, 신뢰하다'라는 의미에서 믿음을 의미하지만, '~을 신실하게 이행하다'라는 의미에서 신실함, 충실함, 성실함을 뜻하기도 한다. 예를 들어 위에서 설명하는 로마서 3장 22절에서 예수 그리스도의 **피스티스**는 두 가지 의미로 모두 해석할 수 있다. (1) 믿음 : 예수 그리스도를 믿는 믿음을 통하여(전통적 해석) (2) 신실함 : 예수 그리스도의 신실함을 통하여(현대적 해석). 즉 하나님의 의는 예수 그리스도를 믿는 믿음을 통해, 또는 예수 그리스도의 신실함, 헌신을 통해 오는 것이라고 두 가지 해석이 모두 가능하다. 관건은 신학적, 문학적 맥락과 해석자의 선택에 달려 있다.

019

βάπτισμα 밥티스마

요한은 요단강 주변 온 지역을 찾아가서, 죄 사함을 받게 하는 회개의 **세례**를 선포하였다. _ 눅 3:3

밥티스마는 세례를 의미한다. 동사 밥티조(βαπτίζω)의 명사형으로, 세례를 의미하는 영어 Baptism은 이 단어에서 영향을 받았다. 세례의 시조는 세례 요한으로 본다. 요단강 주변에서 세례 요한은 사람들로 하여금 물로 깨끗이 씻어내고 새 사람이 되어 하나님의 자녀로 살도록 권고했고, 그 표시로 세례를 주었다. 세례 요한은 세례를 받으면서 회개의 열매를 맺으며 살라고 선포했으며, 이는 초기 기독교에서부터 하나님의 자녀가 되는 공식적인 예식으로 사용되었다. 세례를 받는다는 것은 우리가 거듭나서 하나님의 자녀로 살아간다는 것을 하나님과 사람 앞에서 인정받는 행위다.

καιρὸς 카이로스

때가 찼다. 하나님의 나라가 가까이 왔다. 회개하여라. 복음을 믿어라.
_ 막 1:15

카이로스는 시간을 의미하는 '때'를 말한다. 그리스어에는 두 가지 의미의 시간이 있다. 하나는 일반적인 시간의 흐름을 의미하는 크로노스(χρόνος), 또 하나는 하나님의 시간을 의미하는 **카이로스**다. 크로노스는 우리가 예상하고 셀 수 있는 시간이지만, **카이로스**는 규칙적인 시간의 흐름이 아닌, 하나님의 뜻이 반영되어 있는 시간이므로 우리가 예상할 수 없다. 하나님의 자녀인 우리들은 크로노스의 시간에서도 살지만, 궁극적으로는 하나님의 때인 **카이로스**에 의해 살아간다. 세례 요한과 예수 그리스도 모두 하나님나라가 왔다는 **카이로스**를 가장 먼저 선포하셨다.

021

μετάνοια 메타노이아

회개에 알맞은 열매를 맺어라. 너희는 속으로 '아브라함은 우리의 조상이다' 하고 말하지 말아라. 내가 너희에게 말한다. 하나님께서는 이 돌들로도 아브라함의 자손을 만드실 수 있다. _ 눅 3:8

메타노이아는 '회개'를 의미한다. 동사 메타노에오(μετανοέω)에서 왔고, '~를 뛰어넘는' 의미의 메타(μετά), 그리고 '생각하다, 이해하다'의 동사 노에오(νοέω)가 합쳐진 것이다. 그 의미는 생각을 뛰어넘어 삶의 방향을 완전히 바꾼다는 것이다. 그러므로 **메타노이아**는 정신적으로 심리적으로 후회하고 결심하는 차원에서 끝나는 것이 아니라, 삶의 방향을 완전히 바꾸는 것이다. 즉 회개는 삶의 변화를 수반하는 행위라는 것이다. 그러므로 회개한다는 것은 하나님께 심정적으로 언어적으로 잘못했다는 고백을 뛰어넘어 행동 자체를 변화시키는 것이라 하겠다.

δόξα 독사

오직 한 분이신 지혜로우신 하나님께, 예수 그리스도로 말미암아 **영광**이 영원무궁 하도록 있기를 빕니다. 아멘. _ 롬 16:27

'영광'이란 의미의 **독사**는 '밝고 빛나는 상태, 위대함과 훌륭함의 실존, 명성과 명예가 높은 상태'를 지칭하는 단어다. 하나님의 존재 자체를 영광이라고도 할 수 있으며, 하나님의 뜻을 행하는 것, 우리가 살아가는 이유도 하나님께 영광을 돌리기 위함이라고 할 수 있다. 하나님께서는 예수 그리스도의 사역을 통해 영광을 받으셨고, 하나님의 자녀들은 예수 그리스도를 통해 보여주신 삶의 모범을 따라 살아갈 때, 하나님께 영광이 되는 삶을 살아간다. 그러나 하나님께서는 우리를 조건없이 사랑하시기 때문에, 하나님의 형상으로 빚어진 우리 자체가 숨을 쉬는 것만으로도(존재 자체만으로도) 하나님께 영광이 될 수 있다.

ει̉ρήνη 에이레네

그리스도는 우리의 **평화**이십니다. 그리스도께서는 유대 사람과 이방 사람이 양쪽으로 갈라져 있는 것을 하나로 만드신 분이십니다. 그분은 유대 사람과 이방 사람 사이를 가르는 담을 자기 몸으로 허무셔서, 원수 된 것을 없애시고, 여러 가지 조문으로 된 계명의 율법을 폐하셨습니다. 그분은 이 둘을 자기 안에서 하나님의 새 사람으로 만들어서 평화를 이루시고, 원수 된 것을 십자가로 소멸하시고 이 둘을 한 몸으로 만드셔서, 하나님과 화해시키셨습니다. _ 엡 2:14-16

에이레네는 평화다. 문자적으로는 '모든 구성 요소들의 조화로운 상태, 건강한 웰빙의 상태'를 의미한다. 예수님께서는 십자가에 달려 돌아가심으로 인해 하나님과 우리와의 평화, 우리끼리의 평화, 우리와 자연과의 평화를 이루도록 문을 여셨다. 예수님의 평화는 우리로 하여금 율법에서 해방될 수 있게 하셨고, 하나님의 새로운 피조물로 만드셔서, 평화의 사자가 되도록 우리를 이끄신다. 우리는 지속적으로 화해와 평화의 사자로, 조화롭고 건강한 상태를 만드는 것이 사명임을 잊지 말아야 한다.

βασιλεία τοῦ θεοῦ

바실레이아 투 떼우

하나님나라는 말에 있지 아니하고, 능력에 있습니다. _ 고전 4:20

바실레이아는 '나라'를 의미한다. 그 당시에도 존재하고 있었던 세상의 나라들을 지칭할 때도 **바실레이아**를 쓴다. 영어로는 kingdom, empire, country 등을 뜻한다. 하나님은 떼오스(θεός)라고 하는데, 그 소유격 형태가 떼우(θεοῦ)다. 그러므로 **바실레이아 투 떼우**는 '하나님의 나라'다. **투**는 정관사 소유격 형태다. 하나님나라는 공간적 의미라기보다는 하나님의 통치 영역을 가리킨다. 즉 하나님께서 통치하시는 그곳이 바로 하나님나라로, 그것은 개인이 될 수도, 여럿이 모인 공동체일 수도, 전체 사회나 국가가 될 수도 있다. 중요한 것은 하나님나라는 예수 그리스도의 사역의 핵심이며, 하나님께서 통치하고 계신다는 것을 드러내는 용어라는 것이다.

025

χαίρω 카이로

주님 안에서 항상 **기뻐하십시오**, 다시 말합니다. **기뻐하십시오**. _ 빌 4:4

카이로는 '기뻐하다'라는 뜻의 동사다. 이 동사는 다른 사람에게 인사하거나 안부를 전하는 공식적인 용어로도 사용된다. 바울이 편지에서 안부를 전하거나 끝인사를 할 때 많이 사용하며, 특히 빌립보서가 강조하는 신학적 주제이기도 하다. 바울이 빌립보서를 작성할 때는 이미 많은 고난을 겪은 후 사역의 후반기에 접어들었을 때였다. 비록 감옥에 갇혀 있더라도, 바울은 우리가 기뻐하는 것이 하나님의 뜻이라고 전하며, 어떤 상황에서도 자족하고 감사할 수 있는 경지에 오르는 것이 고결한 신앙의 핵심이며, 그것은 바로 '기뻐하는 것'이라고 가르친다.

ἔρημος 에레모스

그리고 곧 성령이 예수를 **광야**로 내보내셨다. 예수께서 사십 일 동안 **광야**에 계셨는데, 거기서 사탄에게 시험을 받으셨다. _ 막 1:12-13

광야를 뜻하는 **에레모스**는 신학적으로 여러 의미가 있다. 첫째, 광야는 하나님을 만나는 곳이다. 전통적으로 이스라엘은 광야에서 하나님을 만나고 훈련을 받았다. 출애굽 이후 40년 동안 광야 생활을 하면서, 이스라엘은 새로운 백성으로 거듭나기 위한 훈련을 받았다. 둘째, 인간의 삶의 역경과 고난을 상징한다. 예수님께서는 세례를 받으신 후 광야에서 40일을 금식하며, 하나님의 아들로서 사탄에게 3가지 시험을 받으셨다. 그 시험의 내용들은 우리가 살아가는 동안 받을 수 있는 시험들이고, 예수님께서는 그것을 말씀으로 능히 이겨내면서 우리에게 본을 보이셨다. 광야는 예수님께서 하나님을 만났을 뿐만 아니라 시험들을 이겨내신 역경의 현장이다. 우리도 하나님을 만나기 위한 자기만의 광야가 필요하고, 어려움의 고난 가운데 우리가 광야에 있음을 인지하며 예수님의 시험받으심과 이겨내심을 기억해야 할 것이다.

ἄρτος 아르토스

성경에 기록하기를, "사람이 **빵**으로만 살 것이 아니라, 하나님의 입에서 나오는 모든 말씀으로 살 것이다" 하였다. _ 마 4:4

아르토스는 '빵'이다. 이스라엘 사람들이 먹는 주된 양식을 표현하는 것으로 개역개정은 이를 '떡'으로 번역했다. **아르토스**의 문자적 의미는 빵이지만, 상징하는 것은 우리의 몸을 유지하기 위한 양식이다. 예수님께서는 자신을 '생명의 **아르토스**'라고 말씀하셨는데, 그것은 곧 우리의 생명을 유지하기 위한 양식이 바로 예수님이란 의미다. 우리의 몸을 하나님의 거룩한 성전으로 드리기 위해 우리는 영적인 **아르토스**와 육적인 몸을 유지하기 위한 건강한 **아르토스**를 잘 섭취해야 할 것이다. 그러나 세상 사람들이 육적인 **아르토스**에만 몰두하므로, 예수님께서는 사람은 빵으로만 살지 아니하고 하나님의 말씀으로 살 수 있다고 말씀하셨다.

χάρισμα 카리스마

은사는 여러 가지지만, 그것을 주시는 분은 같은 성령이십니다.
_ 고전 12:4

카리스마는 인간에게 주어진, 타고난 재능을 의미한다. 카리스(χάρις)가 넓은 의미에서 하나님께서 주시는 은혜를 뜻한다면, **카리스마**는 인간에게 주시는 좀 더 구체화된 '은사'다. 바울은 성령께서 그리스도의 몸을 세우기 위해 각 사람에게 **카리스마**를 주신다고 말한다. 지혜, 지식, 믿음, 치유, 기적, 예언, 영의 분별, 방언, 통역 등 이러한 모든 것들이 성령께서 우리에게 주시는 **카리스마**의 예다. 이 **카리스마**는 그리스도의 몸인 교회를 세우고, 공동의 이익을 위해 하나님께서 주신 것이다.

029

διακονέω 디아코네오

인자는 **섬김**을 받으려 온 것이 아니라 **섬기러** 왔으며, 많은 사람을 구원하기 위하여 치를 몸값으로 자기 목숨을 내주러 왔다. _ 막 10:45

디아코네오는 '섬기다'라는 말이다. 문자적으로는 "사이를 왔다갔다 하며 에이전트로 행하다"라는 뜻이 있다. 또한 어떠한 의무나 행사를 이행할 때도 **디아코네오** 동사를 사용했으며, 즉각적으로 도움을 주는 행위, 공식적인 자리에서 일을 수행할 때도 이 동사를 사용했다. 이 동사에서 파생되어 봉사와 섬김의 명사 '디아코니아', 이러한 봉사를 수행하는 사람을 '디아코노스'라고 했으며, 이것은 영어의 디컨(Deacon, 집사)을 의미한다. **디아코네오**는 예수님의 대표적인 삶의 태도를 상징한다.

030

포스

참 **빛**이 있었다. 그 **빛**이 세상에 와서 모든 사람을 비추고 있다. _ 요 1:9

포스는 '빛'이다. 하나님께서는 이 세상을 창조할 때 빛을 가장 먼저 창조하셨다. 이 빛으로 인해 모든 자연 만물의 생명체들은 살아갈 수 있다. 이 빛은 하나님의 특성을 상징하는 은유로 사용되기도 하고, 예수님께서 하신 일들을 상징하기도 한다. 예수님께서는 이땅에 빛으로 오셔서 어둠을 물러가게 하셨고, 생명의 빛과 함께 살아갈 수 있도록 구원을 베푸셨다. 빛이신 예수님께로 나아가자.

εὐχαριστέω 유카리스테오

모든 일에 **감사하십시오**. 이것이 그리스도 예수 안에서 여러분에게 바라시는 하나님의 뜻입니다. _ 살전 5:18

유카리스테오는 '감사하다'라는 말이다. 첫 번째로는 의무적인 사항으로 감사해야 한다는 의미가 있고, 두 번째로는 내가 얻은 이익이나 축복 때문에 감사하다라는 의미, 세 번째로는 기도하다라는 뜻도 있다. 문자적으로는 '좋은'이라는 접두어 유(εὖ)와 '은혜'라는 의미의 카리스(χάρις)가 합쳐진 동사로 '좋은 은혜를 돌려드리다'라는 의미다. 하나님께서 우리들에게 많이 부어주신 은혜들에 대해 묵상하고, 감사하는 마음을 표현하고 돌려드리는 것, 이것이 **유카리스테오**이며, 바울은 모든 일에 감사하는 것이 하나님의 뜻이라고 전한다.

θέλημα 뗄레마

아버지, 만일 아버지의 **뜻**이면, 내게서 이 잔을 거두어주십시오. 그러나 내 **뜻**대로 되게 하지 마시고, 아버지의 **뜻**대로 되게 하여주십시오.
_ 눅 22:42

뗄레마는 '뜻'이다. '원하다, 바라다'라는 동사 뗄로(θέλω)의 명사형이며, '원하고 바라는 것'이 **뗄레마**라고 이해하면 되겠다. 예수님께서는 항상 하나님의 뜻을 찾고, 이해하며, 그것에 순종하려 하셨다. 겟세마네 동산에서의 기도에서도 알 수 있듯이, 예수님께서는 자신이 짊어져야 할 고난을 피하고 싶으셨지만, 자신의 뜻이 아닌, 하나님의 **뗄레마**에 순종하고자 하셨다. 예수님께서 하신 이 기도는 우리가 드려야 할 기도의 표본이다. 우리는 나의 **뗄레마**가 아닌, 하나님의 **뗄레마**가 우리의 인생에서 이루어지길 기도해야 한다.

033

ἐπαγγελία 에팡겔리아

하나님의 뜻으로 그리스도 예수 안에 있는 생명의 **약속**을 따라 그리스도 예수의 사도가 된 나 바울이 사랑하는 아들 디모데에게 이 편지를 씁니다. _ 딤후 1:1-2

에팡겔리아는 '약속'이다. 어떤 것을 제공하기로 말했던 것을 이행하는 선언, 또는 서로가 동의했던 것을 승인하는 것이다. 동사는 약속하다의 에팡겔로마이(ἐπαγγέλλομαι)다. 바울은 디모데에게 편지를 쓰면서, 예수 그리스도의 오심이 바로 하나님의 뜻이었고, 예수님을 보내주신 이유는 생명을 주시기 위한 하나님의 **에팡겔리아**였다고 말한다. 바울은 이 약속에 따라 사도가 되었고, 사도의 교훈들을 디모데에게 전해준다. 우리도 하나님께서 해주신 **에팡겔리아**에 따라 소망을 가지고 살아갈 수 있다.

μαθητής 마떼테스

예수께서 열두 **제자**를 부르셔서, 더러운 귀신을 제어하는 권능을 주시고, 그들이 더러운 귀신을 쫓아내고 온갖 질병과 온갖 허약함을 고치게 하셨다. _ 마 10:1

마떼테스는 '제자'다. 일반적으로 남성 제자를 **마떼테스**라고 부르고, 여성 제자는 마떼트리아(μαθήτρια)라고 부른다. 12제자의 명단에는 남성밖에 없지만, 실제로 예수님을 따랐던 제자들 가운데는 여성들이 많이 있었다. 복음서에는 여성을 제자라고 공식적으로 부르는 곳이 없지만, 사도행전에는 다비다를 '마떼트리아'라고 부른다(행 9:16). 제자는 선생의 교훈을 따르면서 닮아간다. 예수님께서는 하나님나라 사역에 제자들을 키우는 일에 힘쓰셨다. 그것은 제자들로 하여금 예수님께서 행하신 일들과 말씀들을 배우고 닮아서 그대로 전하게 하려 하심이었다. 우리가 예수님의 제자가 된다는 것은 예수님께서 하신 말씀과 교훈을 배우고, 예수님의 인격을 닮아 살아가고 복음을 전하는 것이라 하겠다.

απόστολος 아포스톨로스

예수께서 산에 올라가셔서, 원하시는 사람들을 부르시니, 그들이 예수께로 나아왔다. 예수께서 열둘을 세우시고, [그들을 또한 **사도**라고 이름하셨다.] 이것은, 예수께서 그들을 자기와 함께 있게 하시고, 또 그들을 내보내어서 말씀을 전파하게 하시며. _ 막 3:13-14

아포스톨로스는 '보내다'라는 의미의 동사 아포스텔로(ἀποστέλλω)에서 온 것으로, '보내심을 받은 자'란 의미다. 한글 성경은 이것을 '사도'라고 부르고, 영어로는 'apostle'이라고 말한다. 예수님께서는 열두 제자들을 '사도'라 부르셨는데, 그 의미는 예수님께서 사람들에게로 보내신다라는 뜻이다. 사도는 예수님께서 부활하고 승천하신 이후에는 초대교회의 권위 있는 공식적인 자리의 이름이 되었고, 아무나 '사도'라 불릴 수는 없었다. 주로 예수님의 열두 제자(유다를 제외하고 맛디아를 채워서)를 공식적으로 사도라고 불렀지만, 바울은 자신을 '이방인을 위한 사도'라고 자칭하기도 했다.

ἁμαρτία 하마르티아

그러므로 한 사람으로 말미암아 **죄**가 세상에 들어왔고, 또 그 **죄**로 말미암아 죽음이 들어온 것과같이, 모든 사람이 **죄**를 지었기 때문에 죽음이 모든 사람에게 이르게 되었습니다. _ 롬 5:12

하마르티아는 '죄'를 뜻한다. 원래적 의미는 '과녁을 벗어나다'라는 의미로, 해서는 안 될, 과녁을 벗어나는 행위를 말한다. 아담과 하와가 선악과를 먹은 행위는 인간으로서 해서는 안 되는 과녁을 벗어난 것을 상징한다. 아담의 과녁을 벗어나는 행위로 말미암아 죄가 세력으로 세상에 들어왔고, 그 결과가 인간의 죽음이다. 아담의 불순종으로 인해 **하마르티아**가 이 세상에 강력한 세력으로 존재하게 되었고, 이 세력과 싸워 이길 수 있는 유일한 길은 예수님의 공로에 의지하여 살아가는 것뿐이다.

037

δοῦλος 둘로스

너희 가운데서 누구든지 으뜸이 되고자 하는 사람은 모든 사람의 **종**이 되어야 한다. _ 막 10:44

둘로스는 '노예'를 뜻한다. 당시 노예 문화가 일반적이었던 지중해 문화에서 **둘로스**는 주인에게 좌지우지되는 완전한 노예였다. 예수님께서는 하나님나라에서 살아가는 자녀들의 자세는 사람들 사이에서 으뜸이 되려는 것이 아니라, **둘로스**가 되는 것이라고 말씀하신다. 마치 그 당대의 문화에서 노예가 주인에 하듯이 다른 사람들을 섬기라는 것이다. 물론 서로가 서로를 섬기라는 말씀이다. 이러한 **둘로스**의 본을 친히 보여주신 분이 예수 그리스도다. 예수님께서 우리를 섬기셨듯이, 우리도 서로 섬겨야 한다.

νόμος 노모스

나는 하나님의 은혜를 헛되게 하지 않습니다. 의롭다고 하여주시는 것이 **율법**으로 되는 것이라면, 그리스도께서는 헛되이 죽으신 것이 됩니다.
_ 갈 2:21

노모스는 '율법'이다. 율법은 구약시대에 하나님께서 인간과 관계하시기 위한 매개였다. 즉 신명기가 반복해서 말하는 것처럼, 우리가 율법을 잘 지키면 우리는 하나님의 백성이 되고, 하나님은 우리의 하나님이 되어주시는 언약의 증표였다. 그러나 인간의 힘으로는 율법을 온전히 지킬 수 없기에 하나님께서는 예수 그리스도를 통해 새로운 언약을 하셨다. 즉 이제는 율법이 아니라, 예수 그리스도를 통해 우리가 의롭게 되고, 하나님을 만날 수 있게 된 것이다. 그러나 바울은 율법을 완전히 폐기해야 한다고 말하지는 않는다. 율법 그 자체 안에 하나님의 뜻이 담겨 있고, 율법은 우리를 구원으로 인도하는 삶의 가이드라인이다.

κύριος 퀴리오스

도마가 예수께 대답하기를 "나의 **주님**, 나의 하나님!" 하니, 예수께서 도마에게 말씀하셨다. "너는 나를 보았기 때문에 믿느냐? 나를 보지 않고도 믿는 사람은 복이 있다." _ 요 20:28-29

퀴리오스는 '주'다. **퀴리오스**는 세 가지 경우에서 불려진다. 첫째, 구약에서 **퀴리오스**는 하나님을 뜻했다. 둘째, 신약에서는 하나님과 예수 그리스도에게 적용되어 불려졌다. 세 번째 용례로는 사람 관계에서도 **퀴리오스**를 부를 수 있었다. 즉 지위가 높은 사람을 또는 종이 주인을 **퀴리오스**라고 불렀다. 도마는 예수님의 제자들 중 의심이 가장 많았던 사람으로 자신이 예수님의 못박힌 자국을 직접 눈으로 보고 만져서 확인하지 않으면 믿지 못하겠다고 선언한다. 이에 예수님께서는 직접 손과 발, 허리에 창으로 찔린 자국들을 보여주신다. 이에 도마는 나의 **퀴리오스**, 나의 떼오스 … 즉 나의 주님, 나의 하나님이라고 고백하지만, 예수님께서는 보지 않고 믿는 사람이 복되다고 말씀하신다.

ὄνομα 오노마

베드로가 말하기를 "은과 금은 내게 없으나, 내게 있는 것을 그대에게 주니, 나사렛 예수 그리스도의 **이름**으로 [일어나] 걸으시오" 하고. _ 행 3:6

오노마는 '이름'이다. 그러나 단순히 누군가를 구분하기 위한 기능적 차원의 소리라기보다는 그 존재 자체를 드러내는 것을 말하는 이름이다. 십계명의 세 번째 계명은 "여호와의 이름을 망령되게 부르지 말라"이다. 이것은 하나님의 존재를 함부로 말하지 말라는 의미다. 베드로는 기도 시간에 성전으로 올라가는 길에 성전의 미문에서 걷지 못하는 사람이 앉아서 구걸하는 것을 보게 된다. 이 사람이 베드로에게 구걸을 하자, 베드로는 돈은 없지만 내게 있는 것을 주니, "나사렛 예수 그리스도의 이름으로 일어나 걸으시오"라고 이야기한다. 예수님의 이름에 권세와 능력이 있고, 예수님의 존재가 실려 있기에 예수님의 **오노마**에 힘입어 치유를 행한 것이다.

041

καρδία 카르디아

당신이 만일 예수는 주님이라고 입으로 고백하고, 하나님께서 그를 죽은 사람들 가운데서 살리신 것을 **마음**으로 믿으면 구원을 얻을 것입니다. 사람은 마음으로 믿어서 의에 이르고, 입으로 고백해서 구원에 이르게 됩니다. _ 롬 10:9-10

카르디아는 '마음'이다. 우리의 영은 '프뉴마', 마음은 '**카르디아**', 혼은 '누스', 몸은 '소마', 육체는 '사르크스'라고 구분할 수 있다. 우리의 마음 **카르디아**는 예수 그리스도를 믿고 구원받는 중요한 출발점이다. 우리는 종종 사람이 마음먹기에 달려 있다고 말한다. 그것처럼 주님을 입으로 고백하고 마음으로 받아들이면, 그것이 사실로 작동하는 힘이 되어 주님과의 사귐이 시작되고, 생명의 구원에 이르게 된다. 하나님께서 우리와 시작하신 새 계약은 바로 하나님의 말씀을 우리 마음 안에 심어놓으시는 것으로 출발했다. 마음 안에 하나님의 말씀을 많이 심어놓으면, 그것이 역사해 우리로 하여금 때에 맞는 하나님의 말씀을 듣게 되는 보고가 된다.

σταυρός 스타우로스

믿음의 창시자요 완성자이신 예수를 바라봅시다. 그는 자기 앞에 놓여 있는 기쁨을 내다보고서, 부끄러움을 마음에 두지 않으시고, **십자가**를 참으셨습니다. 그리하여 그는 하나님의 보좌 오른쪽에 앉으셨습니다.
_ 히 12:2

스타우로스는 '십자가'다. 십자가는 로마제국의 형벌의 도구였다. 로마는 제국의 정치와 문화를 유지하기 위해, 나라의 주권에 도전하는 반란범들, 도망친 노예들을 처형시키는 사형제도로 십자가를 사용했다. 십자가에 매달린 자들의 생명은 단박에 끊어지지 않았다. 못박힌 고통, 까마귀나 독수리들의 공격, 아무것도 먹지 못한 영양실조 상태에서 물과 피를 다 쏟으며 서서히 죽어갔다. 게다가 십자가 처형은 사람들이 볼 수 있는 언덕 위에서 시행되어 사람들로 하여금 감히 로마제국과 노예문화에 도전하지 못하게 만드는 전시효과를 노린 공포정치의 한 수단이었다. 예수님께서는 십자가의 죄패에 '유대인의 왕'이라는 죄목을 달고 묵묵히 우리 죄를 위해 십자가에 달리셨다.

043

ἀφίημι 아피에미

너희가 각각 진심으로 자기 형제자매를 **용서**해주지 않으면, 나의 하늘 아버지께서도 너희에게 그와같이 하실 것이다. _ 마 18:35

아피에미 동사는 여러 의미가 있다. (1) 물러나게 하다, 풀어주다(dismiss, release) (2) 법적인 빚, 도덕적인 의무 등을 탕감해주다, 용서해주다(remit, forgive) (3) 분리하다, 떠나게 하다 (4) 내버려두다, 유지하게 하다(continue, remain) 등이다. 성경에서는 이 의미들이 모두 다양하게 사용되는데, 하나님께서 우리를 용서해주신다고 할 때, **아피에미**는 두 번째 의미로 사용된다. 그런데 하나님께서는 우리로 하여금 우리에게 잘못한 자들을 용서하라고 명하신다. '용서와 화해'는 사람이 더불어 살아가기 위한 필수조건이다. 잘못한 사람은 자신의 잘못을 솔직히 인정하고 용서를 구해야 할 것이고, 용서를 해주어야 할 사람은 상대방을 위해서, 또 나 자신을 해치지 않기 위해 용서해야 한다.

σοφία 소피아

예수는 **지혜**와 키가 자라고, 하나님과 사람에게 더욱 사랑을 받았다.
_ 눅 2:52

소피아는 '지혜'다. 히브리어로는 '호크마'라고도 하며, 이는 하나님께서 세상을 창조할 때 사용하신 하나님의 능력 중의 하나다. 구약에서는 하나님을 경외라는 것이 지혜의 근본이라고 가르치면서, 우리가 하나님의 자녀로 지혜롭게 살아야 한다고 가르친다. 요한복음은 이 지혜가 육신이 되신 분이 예수 그리스도라고 말하며, 누가복음은 예수님께서 성장하면서 지혜도 함께 자라갔다고 증언한다. 우리도 하나님을 경외함으로 지혜를 키워나가고, 예수 그리스도의 삶을 본받아 하나님과 사람에게 사랑받는 사람들이 되어야 할 것이다.

γνῶσις 그노시스

각 사람에게 성령을 나타내주시는 것은 공동 이익을 위한 것입니다. 어떤 사람에게는 성령을 통하여 지혜의 말씀을 주시고, 어떤 사람에게는 같은 성령을 따라 **지식**의 말씀을 주십니다. _ 고전 12:7-8

그노시스는 '지식'이다. 성경은 '지혜'와 '지식'을 구분하고 모두 성령의 은사라고 말한다. 지혜는 하나님을 경외함으로 얻어지는 인생을 살아가는 데 필요한 보물 같은 것이라면, 지식은 이 세상을 지혜롭게 살아가기 위해 얻는 정보의 총체다. 우리가 이땅에서 하나님나라의 자녀로 살아가기 위해서는 '지혜'와 '지식'이 모두 필요하다. 특히 자신이 관심 있는 분야, 몸담고 있는 분야에서 할 수 있는 한 최선의 '지식'을 쌓아 하나님나라의 뜻에 맞는 일을 행할 수 있는 일꾼이 되어야 한다. 그러나 이것도 성령님께서 주시는 것이니, 하나님께 간구함으로 이땅의 지식을 쌓아가는 지혜로운 사람이 되자.

ἐλπίς 엘피스

우리는 이 **소망**으로 구원을 얻었습니다. 눈에 보이는 **소망**은 **소망**이 아닙니다. 보이는 것을 누가 바라겠습니까? 그러나 우리가 보이지 않는 것을 바라면, 참으면서 기다려야 합니다. _ 롬 8:24-25

엘피스는 '희망'이다. 이는 '희망하다'라는 엘피조(ἐλπίζω) 동사의 명사형으로, 아직 보이지 않는 것을 기대하고 바라는 것을 말한다. 그러나 이 희망은 아무 이유 없이 무작정 바라는 것이 아니라, 이유가 있기 때문에 기대하는 것이다. 이것은 하나님 말씀에 근거하기에 가능한 것이다. 하나님나라의 시민은 보이는 것으로만 살아가지 않는다. 보이지 않는 것을 사실이라 믿으며 살아갈 때, 그 소망이 하나님의 뜻대로 이루어지는 것을 경험하는 것이 하나님을 믿는 자녀의 신앙이다. 그래서 바울은 이 소망으로 우리가 구원을 얻었고, 보이지 않는 것을 보이는 것처럼 살아가며 인내하는 것이 신앙의 진수라고 이야기한다.

διώκω 디오코

그리스도 예수 안에서 경건하게 살려고 하는 사람은 모두 **박해**를 받을 것입니다. _ 딤후 3:12

디오코는 '박해하다, 압력을 가하다, 빨리 움직이도록 하다, 쫓아내다' 등의 의미가 있다. 초대 기독교는 이러한 박해와 함께 발생했다. 박해를 받고 신앙을 키워갔고, 순교할 수밖에 없는 상황에서도 믿음을 잃지 않은 수많은 믿음의 선조들의 희생을 바탕으로 발전한 것이 기독교다. 아이러니컬하게도 기독교가 박해를 받을 때, 그리고 고난과 역경의 터널을 지나갈 때 순수한 믿음을 키울 수 있었으며, 하나님을 더욱 의지했다. 지금은 한국 기독교가 그와 같은 공식적인 박해를 받지는 않지만, 우리가 박해받지 않는다는 것은 한편으론 위의 말씀에서 보는 것처럼, 그만큼 예수님 안에서 경건하게 살고 있지 않다는 반증일 수도 있다. 경건은 단순히 술이나 담배, 마약을 하지 않는 삶의 행태를 뛰어넘어 예수님과 동행하며, 하나님의 뜻을 시행하는 삶을 말한다.

ὑπομονή 휘포모네

여러분은 믿음의 시련이 **인내**를 낳는다는 것을 알고 있습니다. 여러분은 **인내**력을 충분히 발휘하여, 조금도 부족함이 없이 완전하고 성숙한 사람이 되십시오. _ 약 1:3-4

휘포모네는 '인내'다. '~ 아래'를 뜻하는 전치사 **휘포**(ὑπο), 그리고 방을 의미하는 **모네**(μονή)가 결합해 '방 아래'가 된 문자적 의미를 갖는다. 견디는 것, 인내하는 것은 마치 혼자 방에서 자신을 지키는 것과 같다. 삶은 이러한 많은 인내를 요구한다. 우리의 역경이 인내를 키우고 인내력을 키우게 되면, 우리는 좀 더 완전하고 성숙한 사람이 된다고 야고보는 가르치고 있다. 하나님의 눈 아래서 우리가 혼자만의 방에서 하나님께 기도하는 시간을 충분히 갖게 될 때, 하나님께서 원하시는 인내로 영적인 성숙의 길로 가게 될 것이다.

μυστήριον 뮈스테리온

또 하나님께서 전도의 문을 우리에게 열어주셔서, 우리가 그리스도의 비밀을 말할 수 있도록, 우리를 위해서도 기도하여주십시오. 나는 이 **비밀**을 전하는 일로 매여 있습니다. _ 골 4:3

뮈스테리온은 '비밀' 또는 '신비'를 뜻한다. 영어 mystery가 이 단어에서 왔다. 인간의 상식적 이해를 넘어 하나님께서 행하시는 초월적인 실재를 **뮈스테리온**이라고 한다. 하나님나라는 이미 우리 가운데 현존한다. 우리는 하나님나라의 완성을 기다리며 살아가지만, 이미 예수 그리스도의 사역과 함께 하나님나라는 시작되었다. 보이지 않는, 그러나 우리 가운데 실재하는 하나님나라이기에 **뮈스테리온**이고, 우리는 이 신비를 위해 기도하고 경험하는 일들을 지속해야 할 것이다.

κόσμος 코스모스

하나님께서 아들을 **세상**에 보내신 것은, **세상**을 심판하시려는 것이 아니라, 아들을 통하여 **세상**을 구원하시려는 것이다. _ 요 3:17

코스모스는 하나님께서 창조하신 아름다운 세상을 의미한다. 영어로도 우주, 세상의 의미하는 cosmos다. **코스모스**는 또한 질서정연한 상태를 의미하며, 지금 여기에 현존하는 우주의 총체를 뜻한다. 하나님께서는 이 세상을 아름답고 선한 목적으로 창조하셨다. 그러나 우리의 죄악이 이 세상을 죄로 물들였고, 하나님께서는 인내하고 지켜보시다가 세상을 심판하려 하기보다는 세상을 구원하시기 위해 독생자 예수 그리스도를 이 세상에 보내셨다.

051

ὁδός 호도스

광야에 외치는 이의 소리가 있다. "너희는 주님의 **길**을 예비하고, 그의 **길**을 곧게 하여라." _ 막 1:3

호도스는 '길'이다. 이사야 선지자는 주의 길을 준비하라고 했고, 이 '길'의 모티프는 복음서에서 매우 중요하다. **호도스**, 즉 길이 복음서에서 의미하는 공간적 구성은 예수님께서 주로 사역하신 북쪽 갈릴리 지역에서 남쪽 유다로 여행하신 루트를 말한다. 이것이 신학적으로 의미하는 바는 예수님의 고난의 길, 십자가의 길, 구원의 길이며, 이것은 예수님께서 가신 길일 뿐만 아니라 제자의 길, 즉 제자도다. 성경의 저자들은 때로는 말씀을 '길'이라고 설명한다. 왜냐하면 우리 인생이 가야 할 길을 인도하는 것이 바로 하나님의 말씀이기 때문이다.

παιδίον 파이디온

내가 진정으로 너희에게 말한다. 누구든지 **어린이**와같이 하나님나라를 받아들이지 않는 사람은 거기에 들어가지 못할 것이다. 그리고 예수께서는 **어린이**들을 껴안으시고, 그들에게 손을 얹어서 축복하여주셨다. _ 막 10:15-16

파이디온은 '어린이'라는 뜻이다. 말을 하지 못하는 젖먹이 영유아 아이들은 네피오스(νήπιος)라 부르고, 영유아부터 모든 어린이를 **파이디온**이라고 한다. 그리고 나이와 상관없이 부모와 자식의 관계에서 자녀는 테크논(τέκνον)이라고 한다. 예수님께서는 당시의 문화와 달리 어린이들을 존중하고 귀하게 여기며 축복하셨다. 또한 하나님나라는 어린이와 같은 이들이 들어갈 수 있다고 말씀하셨다. 여기서 어린이의 비유는 순수하고, 깨끗하고, 하나님을 온전히 의지해야만 하는 자들을 은유한다고 할 수 있다.

053

κεφαλή 케팔레

온몸은 **머리**이신 그리스도께 속해 있으며, 몸에 갖추어져 있는 각 마디를 통하여 연결되고 결합됩니다. 각 지체가 그 맡은 분량대로 활동함을 따라 몸이 자라나며 사랑 안에서 몸이 건설됩니다. _ 엡 4:16

케팔레는 몸의 '머리'를 뜻하며, 어떤 공동체의 으뜸을 뜻하기도 한다. 온몸이 머리이신 그리스도께 속해 있다는 것은 그리스도께서 우리들의 최고 으뜸이자 지도자이고, 우리들은 머리이신 예수 그리스도를 중심으로 각 몸의 지체들임을 의미한다. 각 지체인 우리가 어떻게 하느냐에 따라 몸이 성장하고, 사랑 안에서 몸이 세워진다. 예수님과 우리, 또 우리끼리의 관계를 사람의 몸을 구성한 비유로 설명한 것은 우리 모두가 연결된 유기체적 성격을 가지고 있다는 것을 의미한다.

Αββα ὁ πατήρ 압빠 호 파테르

여러분은 또다시 두려움에 빠뜨리는 종살이의 영을 받은 것이 아니라, 자녀로 삼으시는 영을 받았습니다. 그래서 우리는 그 영으로 하나님을 "**아빠, 아버지**"라고 부릅니다. _ 롬 8:15

압빠는 '아빠'를 뜻하는 아람어로, **호 파테르**에서 '호'는 정관사, **파테르**는 그리스어로 아버지다. 그래서 아빠, 아버지란 의미다. 아람어는 기원전 7-6세기경 고대 지중해 연안 국가들 사이에서 소통을 위해 쓰인 언어로, 후에 페르시아 제국의 공용어가 되어 널리 쓰이게 되었다. 예수님께서 사셨던 시기에 이스라엘은 히브리어보다 아람어를 소통의 언어로 사용했다. 마가복음에는 아람어의 흔적들이 더러 나오는데, 압빠를 비롯해 달리다굼, 에바다, 엘리엘리 라마 사박다니 같은 단어들이 그 예다. 하나님과 예수님과의 관계를 부모와 자녀의 관계로 보고 있고, 이는 하나님과 우리와의 관계 역시 부모와 자식의 관계임을 알 수 있다. 그러나 주의할 것은 하나님을 '아버지'라는 용어로 부른다고 해서 하나님을 남성으로 이해해서는 안 된다는 것이다. 단지 친근감과 관계성을 나타내기 위한 메타포로 이해하는 것이 좋다.

ἄνθρωπος 안뜨로포스

사람들은 하나님을 알면서도, 하나님을 하나님으로 영화롭게 해드리거나 감사를 드리기는커녕, 오히려 생각이 허망해져서, 그들의 지각 없는 마음이 어두워졌습니다. _ 롬 1:21

안뜨로포스는 '사람'을 뜻한다. 남성과 여성을 포함해 인류를 대표하는 단어다. 영어에서 '인류학'은 anthropology인데, 이는 **안뜨로포스**의 영향을 받았다. 사람과 관련된 단어 anthropo도 여기에서 왔다. 단수의 사람을 뜻할 수도 있고, 복수의 사람들을 쓸 때는 복수형을 쓴다. 하나님의 형상을 닮아서 창조된 **안뜨로포스**는 하나님의 뜻을 따르며 다른 창조물들과 조화롭게 살아가면서 하나님의 창조세계를 잘 섬기고 가꾸어갈 의무가 있다. 그러나 사람들은 하나님을 알면서도 영광 돌리는 삶을 살지 못하고, 감사도 드리지 않을 뿐더러 그 마음이 어두워져 지구에 큰 죄를 짓고 있다. 이미 예수 그리스도를 통해 사람과 온 창조물, 지구 세계를 구원할 길이 열렸으나, 그리스도께 돌아오지 않으면, 이 세상은 똑같이 죄의 세력 속에 머물게 된다.

συναγωγή 쉬나고게

예수께서 자기 고향에 가셔서, **회당**에서 사람들을 가르치셨다. 사람들은 놀라서 말하였다. "이 사람이 어디에서 이런 지혜와 그 놀라운 능력을 얻었을까?" _ 마 13:54

쉬나고게는 유대인들이 모이는 '회당'을 뜻한다. 쉰(σύν)은 '~ 와 함께'라는 전치사이고, 동사 아고(ἄγω)는 '이끌다, 데리고 오다'라는 의미가 있다. 그래서 **쉬나고게**는 '함께 모임'이라는 의미로, 영어의 회당 역시 이 그리스어에서 파생된 synagogue다. 유대인들은 안식일에 회당에 모여 예배를 드렸고, 이곳에서 바리새파와 같은 율법 선생들이 이스라엘 성서를 가르쳤다. 즉 이곳은 예루살렘 밖에서 유대인들의 신앙의 중심 공간이라고 하겠다. 예수님께서는 처음에는 회당을 중심으로 사역을 시작하셨으나, 유대 지도자들의 반발이 커지면서 사역의 반경을 확장시켜 가셨다. 바울 역시 회당을 중심으로 유대인들에게 복음을 전파했으나, 그들이 받아들이지 않자 바울은 회당을 나와 이방인을 대상으로 복음을 전하게 된다.

057

ἐντολή 엔톨레

하나님의 **계명**은 이것이니, 곧 그 아들 예수 그리스도의 이름을 믿고, 그리스도께서 우리에게 명하신 대로 서로 사랑하라는 것입니다. 그리스도의 **계명**을 지키는 사람은 그리스도 안에 있고, 그리스도께서도 그 사람 안에 계십니다. _ 요일 3:23-24

엔톨레는 하나님께서 주신 율법의 구체적 '계명'을 뜻한다. 일반적으로는 고위 관료가 명령한 이행해야 할 사항들을 의미한다. 성경에서는 하나님께서 말씀하신 율법의 구체적 사항들 또는 하나님께서 명령하신 내용들을 **엔톨레**라고 한다. 하나님께서 우리에게 주신 **엔톨레**는 예수님의 존재를 믿고, 예수님께서 보여주신 행위와 가르침대로 서로 사랑하는 것이다. 이 **엔톨레**를 지키는 사람은 예수님 안에 있고, 예수님께서 그 사람 안에 있는 것이다. 우리가 그리스도 안에 있다는 것은 우리가 사랑을 실천할 때 성령님께서 알려주신다.

καρπός 카르포스

그러나 성령의 **열매**는 사랑과 기쁨과 화평과 인내와 친절과 선함과 신실과 온유와 절제입니다. 이런 것들을 막을 법이 없습니다. _ 갈 5:22-23

카르포스는 '열매'다. 기본적으로 나무의 열매를 의미하지만, 어떤 생산품이나 일의 결과를 의미할 때도 은유적으로 **카르포스**를 사용한다. 바울은 육체의 행실과 성령의 열매를 비교하며 우리 인생은 성령의 열매를 맺으며 살아가야 한다고 권고한다. 보통 성령의 9가지 열매라고 일컬어지는 것들은 사랑, 기쁨, 화평, 인내, 친절, 선함, 신실, 온유, 절제다. 역시 성령의 첫 번째 열매로 설명되는 것은 '사랑'이며, 이러한 것들을 막을 법이 없으니 성령님께서 우리 안에서 이러한 열매를 맺으시도록 우리 자신을 하나님께 내어드려야 한다.

σάρξ 사르크스

그리스도 예수께 속한 사람은 정욕과 욕망과 함께 자기의 **육체**를 십자가에 못박았습니다. _ 갈 5:24

사르크스는 '육체'다. **사르크스**와 비교되는 헬라어는 '몸'이라는 의미의 쏘마(σῶμα)다. 영어와 비교해본다면, **사르크스**는 flesh(플레쉬), 쏘마는 body(바디)다. 하나님께서 **사르크스**에 생기를 넣으셔서 우리는 안뜨로포스(사람)가 되었다. 예수님께서 이 **사르크스**로 오신 것을 우리는 '성육신'이라 부른다. 우리에게 **사르크스**로 오셨으므로, 예수님께서는 우리를 가장 잘 이해하고 우리를 인도해주신다. 바울은 **사르크스**를 성령이 이끄는 삶과 대비되는 것으로 설명했다. 성령의 열매 맺는 삶을 살기 위해, 예수님께 속한 사람은 정욕, 욕망과 함께 자신의 **사르크스**를 십자가에 못박았다고 하는 것이다.

δίκαιος 디카이오스

마리아의 남편 요셉은 **의로운** 사람이라서 약혼자에게 부끄러움을 주지 않으려고, 가만히 파혼하려 하였다. _ 마 1:19

디카이오스는 '의로운'이라는 뜻의 형용사다. 이것의 명사형이 '디카이오쉬네'(의)다. '의로운' 것은 하나님의 성품이므로, 성숙한 그리스도의 제자가 된다는 것은 의로운 성품을 닮아가는 것이다. 마리아의 남편 요셉은 의로운 사람이어서 마리아의 임신 소식을 듣고, 사실을 알기 전에는 크게 상처를 입었겠지만 성품이 의로워서, 조용히 파혼하려 한다. 당시 문화에서 혼전, 혼외 임신은 큰 죄로 여겨져, 임신한 여성은 마을 사람들에 의해 돌로 죽임을 당해야 했다. 의로운 요셉이 마리아의 일을 알리지 않고, 조용히 처리하려고 한 데서 그의 성품을 엿볼 수 있다. 이후 천사의 고지를 받고 요셉은 마리아를 피신시켜 아기 예수가 탄생하도록 잘 돕는 역할을 하게 된다.

οὐρανός 우라노스

그러므로 너희는 이렇게 기도하여라. **하늘**에 계신 우리 아버지, 그 이름을 거룩하게 하여주시며, 그 나라를 오게 하여주시며, 그 뜻을 **하늘**에서 이루심같이, 땅에서도 이루어주십시오. _ 마 6:9-10

우라노스는 '하늘'이다. 공간적 의미에서 하늘이기도 하지만, 성경에서 '하늘에 계신 우리 아버지'라고 부를 때의 하늘은 공간적 의미라기보다는 하나님께서 계신 곳을 상징한다. '하늘'은 하나님께서 계신 곳을 상징하고, '땅'은 인간 세상을 상징한다. 그러므로 주기도문에서 말하는 '하늘에 계신 아버지'는 완전한 하나님나라에 계시는 하나님이시고, 그 온전한 하나님나라의 뜻이 우리가 사는 이땅에서도 이루어지길 기도하라는 것이다. 마태는 유대의 영향을 받아 하나님의 이름을 직접 사용하는 것을 피해 '하나님나라' 대신 '하늘나라'라는 표현을 자주 사용한다. 하늘나라란 우리가 죽어서 가는 나라가 아닌, 하나님께서 함께하시는 나라의 표현으로 이해해야 한다.

αἰώνιος 아이오니오스

죄의 삯은 죽음이요, 하나님의 선물은 우리 주 예수 그리스도 안에서 누리는 **영원한** 생명입니다. _ 롬 6:23

아이오니오스는 '영원한'이라는 뜻이다. '영원, 세대'를 의미하는 아이온(αἰών)의 형용사형이다. 이 말은 시작도 끝도 없는, 지속되는 등의 의미를 가지고 있다. 죄의 결과는 죽음이지만, 하나님께서는 그 죽음을 극복하는 선물을 우리에게 주셨다. 그 선물은 바로 예수 그리스도이며, 그분은 이땅에 오셔서 우리가 받아야 할 죽음의 형벌을 다 짊어지셨고, 죽음을 이기는 영원한 생명을 주셨다. 그러므로 예수님을 영접하고 주님과 동행하는 사람은 이미 죽음을 넘어선 영원한 생명을 소유한 사람이다.

063

τέλος 텔로스

그러므로 그리스도는 율법의 **끝마침**이 되셔서, 모든 믿는 자에게 의가 되어주셨습니다. _ 롬 10:4

텔로스는 여러 가지 의미가 있다. 첫 번째는 '끝, 종결, 결론'이라는 의미가 있고, 두 번째는 '목적, 완성'이라는 뜻, 세 번째는 '나머지, 마지막 번째'라는 뜻, 그밖에 '의무, 관습'이란 뜻도 있다. 이 **텔로스**를 어떻게 해석하느냐에 따라 신학적 의미가 조금씩 달라질 수 있다. 예를 들어 위에 적은 로마서 10장 4절의 **텔로스**를 종결이라는 의미로 사용하면, 그리스도께서 율법의 끝마침이라고 해석되어 율법과 그리스도와의 불연속성이 강조되는 반면에, '목적, 완성'으로 해석하면 그리스도는 율법의 완성이라고 해석되고 그리스도와 율법의 연속성을 강조할 수도 있다.

διδάσκαλος 디다스칼로스

랍비님, 우리는 **선생님**이 하나님께로부터 오신 분임을 압니다. 하나님께서 함께하지 않으시면, **선생님**께서 행하시는 그런 표징들을, 아무도 행할 수 없습니다. _ 요 3:2

디다스칼로스는 '선생'을 뜻한다. '가르치다'라는 의미의 동사 디다스코(διδάσκω)에서 왔다. 명사형의 '가르침'은 디다케(διδαχή)다. 예수님께서는 제자들을 비롯한 일반 유대인들에게 **디다스칼로스**, 즉 선생님이라고 불리웠다. 사람들은 선생이신 예수님께서 가르치시는 내용, 하시는 행위들을 보고 이분이 보통 분이 아니라, 하나님께로부터 오신 분임을 알 수 있었다. 우리의 선생이신 예수님을 본받아 우리도 그분의 가르침과 행동을 본받아야 할 것이다.

065

σημεῖον 세메이온

예수께서 유월절에 예루살렘에 계시는 동안에, 많은 사람이 그가 행하시는 **표징**을 보고 그 이름을 믿었다. _ 요 2:23

세메이온은 '표적, 또는 표징'을 말한다. **세메이온**의 복수는 '세메이아'(σημεῖα)다. 이 세대의 사람들은 예수님께 표적을 구했으나, 예수님께서는 이 세대의 사람들에게는 요나의 표적밖에 보일 것이 없다고 말씀하셨다. 요한복음은 예수님의 기적들을 표징이라고 해석했다. 예수님께서는 하나님나라의 사역들을 표징으로 보여주셨고, 이것은 성육신 하신 예수 그리스도를 믿게 하기 위한 방법이었다. 많은 사람들이 예수님의 표징을 보고 그분의 존재를 믿었다. 오늘날 우리가 예수님을 직접 뵐 수는 없지만, 우리에게도 예수님을 믿는 나름의 표징과 확신을 가지고 있어야 한다. 예수님을 믿는 당신의 표징은 무엇인가?

βασιλεύς 바실류스

예수께서는, 사람들이 와서 억지로 자기를 모셔다가 **왕**으로 삼으려고 한다는 것을 아시고, 혼자서 다시 산으로 물러가셨다. _ 요 6:15

바실류스는 '왕, 통치자'를 말한다. '바실레이아'는 '나라'를 뜻하는데, 바실레이아의 통치자인 왕을 **바실류스**라고 한다. 이스라엘 전통에서 '왕'은 오직 하나님 한 분이다. 그러나 보이는 왕을 원했던 이스라엘은 하나님께 인간 왕을 요구했고, 그것이 하나님의 마음을 아프게 했지만 하나님께서는 그것을 허락하셨다. 우리에게 유일한 왕, 통치자는 하나님 한 분이다. 왕이신 하나님의 대행자로 인간이 쓰임받을 수 있으나, 인간 통치자는 하나님의 일을 시행하기 위한 도구일 뿐, 그 자체로 존경을 받거나 신성시될 수 없다. 사람들은 자기의 욕망으로 예수님을 왕으로 삼으려 했고, 그것을 간파하신 예수님께서는 홀로 산으로 물러가셨다.

메노

너희가 내 계명을 지키면, 내 사랑 안에 **머물러** 있을 것이다. 그것은 마치 내가 내 아버지의 계명을 지켜서, 그 사랑 안에 **머물러** 있는 것과 같다.
_ 요 15:10

메노는 '머물다'라는 말로 '존재하기를 지속하다, 남아 있다'라는 의미다. 예수님께서는 예수님의 새 계명, "서로 사랑하라"라는 계명을 지키면, 우리는 예수님의 사랑 안에 존재한다고 말씀하셨다. 예수님께서 하나님과 하나가 되어 서로 머무르면서 함께하듯이 우리도 사랑의 계명을 지키면서 예수님의 사랑 안에 머무르게 된다. 즉 예수님과 함께하고, 서로 하나가 되는 신비의 역사가 이루어지는 것이다. 우리는 예수님의 존재 안에 머물러 그분과 하나 되는 삶을 살도록 우리를 하나님께 내어드려야 할 것이다.

내가 진정으로 너희에게 **말한다**. 천지가 없어지기 전에는 율법은 일점 일획도 없어지지 않고, 다 이루어질 것이다. _ 마 5:18

레고는 '말하다'라는 의미다. 입으로 직접 이야기할 때 일반적으로 **레고** 동사를 사용하며, 어떤 정보나 중요한 것을 알리거나 전달할 때, 이 동사가 자연스럽게 사용된다. 예수님께서 말씀하실 때 자주 사용되는 동사다. **레고**와 유사한 동사로 랄레오(λαλέω)가 있고, 명사형으로는 로고스(λόγος)가 있다. 예수님께서 말씀을 전달하실 때, "나는 ~ 에게 말한다"의 형식으로 많이 말씀하셨다. 우리에게도 말씀하시는 예수님의 음성을 마음으로 잘 들을 수 있어야 한다.

ἀκούω 아쿠오

사랑하는 형제자매 여러분, 여러분은 이것을 알아두십시오. 누구든지 **듣기**는 빨리 하고, 말하기는 더디 하고, 노하기도 더디 하십시오. _ 약 1:19

아쿠오는 '듣다'라는 뜻의 동사다. 단순히 흘려서 듣는 것이 아니라 주의 깊게 생각하며 주목하여 이해하는 것이다. 의사소통에서 듣기는 기본이다. 아마도 우리가 조금 더 듣는 것에 유의하고 시간을 좀 더 할애한다면, 수많은 갈등이 조정되고, 서로 간의 이해가 수월해 평화로운 세상에 한 걸음 더 접근할 수 있을 것이다. 우리의 들음은 하나님께로부터 시작해야 한다. 하나님께서 무엇이라 말씀하시는지 들어야 한다. 듣기는 빨리 하고, 말하기와 노하기는 더디 하는 지혜를 쌓아가자.

παραβολή 파라볼레

예수께서 제자들에게, 늘 기도하고 낙심하지 말아야 한다는 뜻으로 **비유**를 하나 말씀하셨다. _ 눅 18:1

파라볼레는 '비유'를 뜻한다. '~ 함께, 곁에, 나란히'라는 의미의 파라(παρά), 그리고 '놓다, 던지다'라는 의미의 동사 발로(βάλλω)가 합쳐진 명사다. 문자적으로는 '나란히 병치하여 던져놓음'을 의미한다. 비유를 뜻하는 영어의 Parable(우화)이 이 단어에서 왔다. 예수님께서는 이야기를 쉽게 설명하거나 의미를 은밀하게 전달할 때 비유를 많이 사용하셨다. 예수님께서 사용하신 비유는 대부분 듣는 쪽의 문화에서 쉽게 접근 가능하고 이해하기 쉬운 평범한 것들이었다. 우리는 비유를 통해 우리 자신을 나란히 병치시켜 성찰하고, 비유가 전달하는 깊은 울림의 메시지를 들어야 할 것이다.

071

λαμβάνω 람바노

내가 진정으로 진정으로 너희에게 말한다. 내가 보내는 사람을 **영접하는** 사람은 나를 **영접하는** 사람이요, 나를 **영접하는** 사람은 나를 보내신 분을 영접하는 사람이다. _ 요 13:20

람바노는 '취하다, 받아들이다, 손을 뻗어 잡다, 인정하다, 포함하다' 등의 뜻이 있다. 예수님께서는 '진정으로'라는 말을 많이 사용하셨는데, 이것의 헬라어 표현은 아멘(ἀμήν)이다. 예수님께서 진심으로 말씀하시는 것은 예수님께서 보내신 사람을 받아들이고 대접하는 사람은 곧 예수 그리스도를 받아들이는 것이고, 예수 그리스도를 받아들이는 것은 곧 하나님을 받아들이는 것이라고 말씀하신다. 이것은 '예수님의 사람 - 예수 그리스도 - 하나님'이 모두 연결되어 있다는 것을 의미한다. 사람을 무시하거나 소외시키지 않고 인정하는 것이 곧 예수님, 그리고 하나님을 인정하고 받아들이는 것과 같은 존엄성을 말한다.

헤이스

이와같이, 우리도 여럿이지만 그리스도 안에서 **한** 몸을 이루고 있으며, 각 사람은 서로 지체입니다. _ 롬 12:5

헤이스는 '하나'를 뜻한다. 둘은 듀오(δύο), 셋은 트레이스(τρεῖς)다. 바울은 다양성 중에 통일성을 강조하는 가르침을 전달하는데, 하나님께서 각기 특성과 성향에 따라 다양하게 이 세상을 창조하셨고, 사람 역시 다양하게 하셨다. 그러나 그 다양함 중에서도 서로 통일된 것이 있으니, 그것은 그리스도 안에서 우리가 한 몸을 이룬다는 것이다. 그리스도의 복음은 하나가 되는 신비를 체험하는 것이다. 내가 그리스도 안에 머물러서 주님과 하나가 되고, 서로 다름을 인정하면서도 그리스도 안에서 한 형제자매가 되는 것을 인정하고 받아들이며 조화를 이루어가는 삶. 이것이 복음의 신비 체험이다.

ἐξουσία 엑수시아

예수께서 다가와서, 그들에게 말씀하셨다. "나는 하늘과 땅의 모든 **권세**를 받았다. 그러므로 너희는 가서, 모든 민족을 제자로 삼아서 아버지와 아들과 성령의 이름으로 세례를 주고, 내가 너희에게 명령한 모든 것을 그들에게 가르쳐 지키게 하여라. _ 마 28:18-20

엑수시아는 '권세, 능력'을 의미한다. 전치사 엑크(ἐκ)는 '~로부터'라는 뜻이고, 우시아(οὐσία)는 '존재, 부, 자산' 등의 의미로, **엑수시아**는 '존재 자체로부터, 큰 힘(자산)으로부터'라는 뜻의 합성어다. **엑수시아**는 예수님께서 귀신을 내쫓거나, 자연에 대한 기적을 행하실 때, 그리고 아픈 이들을 치료하실 때 사용된 능력을 말할 때 사용되었다. 예수님께서는 하나님께로부터 모든 **엑수시아**를 받으셨다. 그러므로 예수님의 제자인 우리들은 그 권세를 좇아 예수님께서 부탁하신 모든 가르침을 지키고, 전하고, 이행해야 할 사명을 받았다.

καινός 카이노스

누구든지 그리스도 안에 있으면, 그는 **새로운** 피조물입니다. 옛 것은 지나갔습니다. 보십시오, **새** 것이 되었습니다. _ 고후 5:17

카이노스는 '새로운, 최근의, 사용되지 않은'이란 뜻을 가진 형용사다. 예수 그리스도가 오심은 우리에게 새로운 계약으로 오신 것이다. 즉 이제 옛 계약인 율법을 통해 하나님께로 나아가지 않고, 예수 그리스도를 통해 하나님의 자녀가 된다는 것이다. 그러므로 그리스도 안에 있는 자들은 모두 새로운 피조물이 된다. 그러므로 새로운 존재로 창조되어 하나님의 원래 인간 창조의 뜻에 맞는 삶을 살아가야 한다. 하나님의 인간 창조 목적은 이 세상을 하나님의 뜻에 맞게 잘 돌보고 섬기며 생육하며 번성해나가는 것이다.

σῶμα 쏘마

형제자매 여러분, 그러므로 나는 하나님의 자비하심을 힘입어 여러분에게 권합니다. 여러분의 **몸**을 하나님께서 기뻐하실 거룩한 산 제물로 드리십시오. 이것이 여러분이 드릴 합당한 예배입니다. _ 롬 12:1

쏘마는 '몸'이다. 그리스의 헬라 철학은 이원론적 세계관을 가지고 있기 때문에 육체인 사르크스, 정신인 누스, 영인 프뉴마를 서로 가치 차이를 두어 구분하는 경향이 있다. **쏘마**는 이러한 사르크스, 누스, 프뉴마를 포함하는 인간의 몸을 의미한다. 히브리적 세계관은 일원론적 세계관을 바탕으로 하는데, 하나님께서 창조하신 인간의 몸 그 자체가 존귀하고, 하나님의 형상과 영광을 반영한다. 그러므로 하나님의 선물로 받은 우리의 **쏘마**, 즉 몸을 소중하게 여겨야 하며 몸으로 드리는 예배, 즉 삶이 바탕이 되는 예배는 하나님께서 기뻐하시는 예배다.

κρίνω 크리노

나는 아무것도 내 마음대로 할 수 없다. 나는 아버지께서 하라고 하시는 대로 **심판한다**. 내 심판은 올바르다. 그것은 내가 내 뜻대로 하려 하지 않고, 나를 보내신 분의 뜻대로 하려 하기 때문이다. _ 요 5:30

크리노는 '심판하다'를 뜻한다. 그밖에도 '선택하다, 정의를 확보하다' 등의 의미가 있다. 예수님께서는 우리를 심판하는 것이 목적이 아니라 구원하려고 오셨다. 그러나 결국에는 하나님의 심판이 기다리고 있으니, 우리는 두렵고 떨리는 마음으로 지속적으로 구원의 삶을 완성해가야 한다. 예수님께서는 하나님의 뜻대로 심판하시고, 하나님께서 하라고 명령하신 일들에 순종하셨다. 우리도 우리 마음대로는 아무것도 할 수 없다는 것을 인정하고, 하나님께서 하라고 명령하시는 것들에 귀기울여 순종하는 삶을 살아갈 때, 마지막 심판은 두려워할 필요가 없을 것이다.

ἀκολουθέω 아콜루떼오

그리고 예수께서 제자들과 함께 무리를 불러놓고 그들에게 말씀하셨다. "나를 따라오려고 하는 사람은, 자기를 부인하고, 자기 십자가를 지고, 나를 **따라오너라**." _ 막 8:34

아콜루떼오는 '따라오다'라는 의미이며, 예수님께서 제자들을 제자로 부르고 초청할 때 사용하신 동사다. **아콜루떼오**는 목적의식 없이 누구를 따라가는 것이 아니라, 부른 자에게 순종하여 결단하고, 제자로 살아간다는 뜻을 가지고 있다. 그러므로 예수님을 '따르다'라는 것은 그분의 삶과 자취를 따라 그분이 살아가신 삶을 닮아 행동하며 그분이 가신 길을 푯대로 삼아 살아간다는 것이다. 그래서 예수님께서는 나를 따라오려는 사람은 자기를 부인하고 자기 십자가를 지고 따르라고 하셨다.

εὐθύς 유뚜스

곧바로 그들을 부르셨다. 그들은 아버지 세베대를 일꾼들과 함께 배에 남겨두고, 곧 예수를 따라갔다. _ 막 1:20

유뚜스는 '즉시, 곧바로'라는 의미의 부사다. 주로 마가복음에서 많이 나오는 단어로 복음전파의 긴박성, 복음을 들은 자들의 반응의 즉각성을 표현할 때, **유뚜스**라는 부사를 많이 사용했다. 예수님께서 세배대의 아들 야고보와 요한을 제자로 부르셨을 때, 이들은 즉각적으로 아버지와 배, 일꾼들을 그대로 내려놓고 예수님을 따라갔다. 예수님께서 언제 다시 오실지 우리는 알 수 없다. 그러나 해이해진 마음을 다시 붙잡고, 하나님나라의 긴급성과 제자의 즉각적 반응을 상기하며 우리에게도 똑같이 적용해야 할 것이다. 예수님께서 우리를 부르실 때, 우리의 반응은 세배대의 아들들처럼 **유뚜스** 나서야 할 것이다.

079

ἀναβλέπω 아나블레포

예수께서 그에게 말씀하셨다. "가거라, 네 믿음이 너를 구원하였다." 그러자 그 눈먼 사람은 곧 **다시 보게 되었다**. 그리고 그는 예수가 가시는 길을 따라나섰다. _ 막 10:52

아나블레포는 '다시 보게 되다, 위를 바라보다'의 의미다. '~ 위로'라는 전치사 아나(ἀνα)와 '보다'라는 동사 블레포(βλέπω)의 합성어다. 치유를 받기 위해서는 우리의 믿음도 중요하다. 예수님께서는 시각장애인 바디매오의 믿음을 보시고, "너의 믿음이 너를 구원하였다"라고 말씀하셨다. 그리고 눈을 뜨게 된 바디매오는 주님을 올려다보았고, 주님을 보게 된 그는 예수님께서 가시는 길을 따라나서는 제자가 되었다. 구원받기 위해서는 주님을 올려다보는 믿음이 필요하다.

προφήτης 프로페테스

그래서 모두 두려움에 사로잡혀서, 하나님을 찬양하면서 말하기를 "우리에게 큰 **예언자**가 나타났다" 하고, 또 "하나님께서 자기 백성을 돌보아주셨다" 하였다. _ 눅 7:16

프로페테스는 '예언자'다. '~ 앞에서, ~ 향하여'의 전치사 프로(προ)와 '말하다, 의미하다'의 페미(φημι)의 합성어에서 나왔다. 문자적으로는 '하나님 앞에서 말하는 사람, 사람들을 향하여 하나님의 뜻을 전달하는 사람'이란 의미다. 예언자는 구약에서부터 하나님의 뜻을 전달하는 자, 하나님의 사람으로 계속 있어왔고, 당시 사람들은 예수님을 예언자로 이해했다. 하나님의 뜻을 위해 말하고 행동하다가 순교당한 예언자들처럼 예수님께서는 하나님의 사역을 하다가 십자가에 달려 돌아가셨다. 그러나 하나님께서는 예수님을 다시 살리셔서 예언자보다 뛰어난 하나님의 아들, 구원자, 그리스도라 증명하셨다.

πειρασμός 페이라스모스

시험을 견디어내는 사람은 복이 있습니다. 그 사람은 그의 참됨이 입증되어서, 생명의 면류관을 받을 것이기 때문입니다. 그것은 하나님을 사랑하는 사람들에게 약속된 것입니다. _ 약 1:12

페이라스모스는 '시험'이다. 이것은 유혹이나 욕망 등을 이용해 사람으로 하여금 잘못된 일을 하도록 덫을 놓는 부정적인 의미도 있지만, 어떤 테스트를 통해 사람들로 하여금 무엇인가를 배우게 시도하는 긍정적인 의미도 있다. 긍정적이든 부정적이든, 어떠한 시험일지라도 견디어내는 사람은 그 사람의 참됨이 하나님 앞에서 입증되는 것이고, 하나님께서는 그 사람들에게 생명의 면류관을 선물로 주신다고 약속하셨다. 우리가 지금 통과해야 할 **페이라스모스**는 무엇인가? 하나님을 의지하며 잘 견뎌내보자.

θάνατος 따나토스

욕심이 잉태하면 죄를 낳고, 죄가 자라면 **죽음**을 낳습니다. _ 약 1:15

따나토스는 '죽음'이다. 그리스 로마 신화에서는 죽음의 신을 **따나토스**(타나토스)라고 부른다. 죽음은 일차적으로 우리의 신체적 목숨이 끝나는 것을 의미하지만, 신학적으로는 하나님과의 관계가 끊어진 상태를 죽음이라고도 한다. 그러므로 우리가 만일 하나님과의 관계가 제대로 정립되어 있지 않다면, 육적인 호흡은 하고 있을지라도, 그 상태는 죽음의 상태일 수 있다. 우리의 욕심이 죄를 낳게 되고, 죄가 자라서 죽음을 가져오게 된다는 것은 에덴동산의 아담과 하와 이야기에서 잘 볼 수 있다. 이것은 우리 삶의 현재적 이야기이기도 하다. **따나토스**가 우리의 삶을 지배하지 않도록 하나님께 나아가 생명의 호흡을 해야 할 것이다.

083

ὄχλος 오클로스

예수께서 다시 바닷가로 나가셨다. **무리**가 모두 예수께로 나아오니, 그가 그들을 가르치셨다. _ 막 2:13

오클로스는 사람들의 '무리'를 뜻한다. 예수님의 사역은 바로 이 **오클로스**들을 위한 것이었다. **오클로스**와 뜻이 유사한 '라오스'(λαός)라는 뜻이 있는데, 라오스는 하나님의 '백성'이란 의미에서 사용되고, **오클로스**는 일반적인 사람들의 무리를 뜻할 때 사용된다. 예수님께서는 **오클로스**를 가르치고 고치셨으며 이들을 위해 십자가에 달리고 부활하셨다. 아이러니컬하게 이 **오클로스**는 예수님께 구원받는 대상이었지만, 정작 그들은 예수님을 십자가에 못박으라고 소리쳤다.

διαθήκη 디아떼케

그리고 저녁을 먹은 뒤에, 잔을 그와같이 하시고서 말씀하셨다. "이 잔은 너희를 위하여 흘리는 내 피로 세우는 새 **언약**이다. _ 눅 22:20

디아떼케는 '언약, 계약, 약속'이다. 법정, 사업, 경영 용어로도 쓰이며, 이 명사는 '~ 사이에 놓다'라는 의미의 디아티떼미(διατίθημι)에서 왔다. 즉 A와 B 사이에 어떤 조건을 놓는다는 의미다. 하나님께서는 인간과 관계하실 때 이러한 계약을 통해 말씀하셨다. 구약시대에는 율법을 통해, 신약시대에는 예수 그리스도를 통해 우리와 약속하셨고 관계하셨다. 예수님께서 십자가에서 달려 흘리신 피로 맺은 언약이 바로 우리를 구원하시겠다는 새로운 언약이다. 사실 구약이라는 말도 옛 계약이라는 뜻이고, 신약이라는 말도 새로운 계약, 약속이라는 뜻이다.

ἱερός 히에로스

그들은 예수께 경배하고, 크게 기뻐하면서, 예루살렘으로 돌아가서, 하나님을 찬양하면서 날마다 **성전**에서 지냈다. _ 눅 24:52-53

히에로스는 '성전'이다. 성전은 하나님께서 머무시는 거룩한 장소로, 예루살렘 성전은 다윗이 시작해 솔로몬이 완성했다. 바빌론 제국에 의해 파괴된 예루살렘 성전은 에스라, 느헤미야를 거쳐 보수공사를 했고, 그 이후 시대를 제2 성전기라고 한다. 헤롯 대왕이 유대인의 환심을 사기 위해 다시금 예루살렘 성전을 새롭게 정비했지만, 이 성전은 70년 쯤에 로마제국에 의해 파괴된다. 예수님께서는 건물이 성전이 아니라, 예수님의 몸이 새로운 성전이라고 하셨고, 이제는 우리 자신이 하나님께서 거하시는 거룩한 성전이라고 하셨다. 하나님께서 거하시기에 거룩하고 깨끗한 우리 몸, 즉 성전이 될 수 있도록 우리를 하나님께 내어드리자.

ἐλευθερία 엘류떼리아

형제자매 여러분, 하나님께서는 여러분을 부르셔서, **자유**를 누리게 하셨습니다. 그러나 여러분은 그 **자유**를 육체의 욕망을 만족시키는 구실로 삼지 말고, 사랑으로 서로 섬기십시오. _ 갈 5:13

엘류떼리아는 '자유'다. 자유라는 것은 방종과 구분되는 것으로, 어떠한 관습이나 법에 구제받지 않고, 책임 있게 행동할 수 있는 권리를 뜻한다. 예수님께서는 진리를 알면 진리가 우리를 자유롭게 한다고 말씀하셨고, 바울은 그 자유의 권한을 타인을 섬기는 데 사용하라고 가르친다. 하나님께서 우리에게 주신 자유는 "우리 마음대로 할 수 있다"는 권리가 아니다. 바울은 세상의 악으로부터, 그리고 세상의 권력으로부터 자유로울 수 있지만, 그 자유는 사랑으로 섬길 능력이라고 설명한다.

μακάριος 마카리오스

마음이 가난한 사람은 **복이 있다**. 하늘나라가 그들의 것이다. 슬퍼하는 사람은 **복이 있다**. 하나님이 그들을 위로하실 것이다. _ 마 5:3-4

마카리오스는 지금 처해 있는 상황이나 환경 때문에 '행복한, 복 받은, 운이 좋은, 기쁜' 등의 의미를 가지고 있는 형용사다. 예수님께서는 산상수훈을 통해 마음이 가난한 사람, 슬퍼하는 사람, 온유한 사람, 의에 주리고 목마른 사람, 자비한 사람, 마음이 깨끗한 사람, 평화를 이루는 사람, 의를 위하여 박해를 받은 사람이 행복한 사람이라고 말씀하셨다. 그것은 미래에 받을 보상 때문도 아니며, 그 상황 자체를 겪는 것은 아무나 할 수 있는 것도 아니다. 예수님께서 겪으셨던 일들을 지금 경험하고 있는 것이기 때문에 그 자체가 축복이며, 그 일들을 통한 하나님나라의 신비를 경험할 수 있어서 행복한 일이라는 의미다.

παράκλητος 파라클레토스

내가 아버지께 구하겠다. 그리하면 아버지께서 다른 **보혜사**를 너희에게 보내셔서, 영원히 너희와 함께 계시게 하실 것이다. _ 요 14:16

파라클레토스는 '보혜사, 돕는 자, 변호하는 자, 위로자, 매개자' 등의 의미를 가지고 있다. '~함께'라는 전치사 파라(παρά)와 '부르다'의 동사 칼레오(καλέω)의 합성어로, 문자적 의미는 '곁에서 부르는 자'다. 요한복음은 성령을 **파라클레토스**라고 부르고 우리말로는 '보혜사'라고 번역했다. 이렇게 성령은 우리 곁에서 우리를 돕고 위로하며, 때로는 하나님께 기도해주고, 변호해주며, 하나님과 연결시켜주는 매개의 역할을 하는 분이다. 이 보혜사 성령이 우리와 함께하시므로 우리는 세상 끝날까지 예수님과 동행하며 하나님의 뜻 안에서 살 수 있다.

089

ἔθνος 에뜨노스

이방 사람들도 긍휼이 여기심을 받아서, 하나님께 영광을 돌리게 하시려고 한 것입니다. 기록된 바 "그러므로 내가 **이방** 사람들 가운데서 주님께 찬양을 드리며, 주님의 이름을 찬미합니다" 한 것과 같습니다. _ 롬 15:9

에뜨노스는 '민족, 이방인들'의 의미가 있다. 성경에서 보면 이스라엘 사람들은 자신들이 속한 유대 민족이 아닌 다른 민족들을 **에뜨노스**라고 불렀다. 아마도 다른 민족의 입장에서는 유대인들이 **에뜨노스**가 될 수 있다. 그러나 성경은 유대인이 아닌 이방인들, 온 민족의 사람들을 의미할 때 이 단어를 사용했다. 하나님의 구원은 먼저 선택하신 민족 유대인들과 더불어 온 민족을 생명의 자리로 이끄는 것이다.

θεραπεύω 떼라퓨오

예수께서 열두 제자를 부르셔서, 더러운 귀신을 제어하는 권능을 주시고, 그들이 더러운 귀신을 쫓아내고 온갖 질병과 온갖 허약함을 **고치게 하셨다**. _ 마 10:1

떼라퓨오는 '고치다, 치유하다, 회복하다'라는 뜻을 가진 동사다. 치유를 의미하는 영어의 therapy(테라피)가 이 동사에서 왔다. 예수 그리스도의 주된 사역은 악의 권세를 물리치고, 질병을 고쳐 온전하게 하시며, 가르치시고, 회복하시는 일들이었다. 이러한 일들을 제자들도 이어가도록 예수님께서는 열두 제자와 동행하시면서 하나님나라의 사역들을 준비시키셨다. 병을 고치는 은사가 따로 있을 수 있겠으나, 치유하고 회복시키는 의미가 모두 **테라퓨오**이기 때문에 특별한 질병을 고치는 은사가 없더라도 예수님의 제자들은 누구나 이러한 치유의 사역에 동참할 수 있다.

κηρύσσω 케뤼쏘

요한이 잡힌 뒤에, 예수께서 갈릴리에 오셔서, 하나님의 복음을 **선포하셨다**. _ 막 1:14

케뤼쏘는 '선포하다'라는 뜻이다. 세례 요한이 행한 사역은 회개의 세례를 주면서 하나님나라의 복음을 선포하는 일이었다. 그리고 세례 요한이 갈릴리의 분봉왕 헤롯 안티파스에 의해 감옥에 잡히자, 예수님께서는 갈릴리에서 하나님의 복음을 선포하셨다. 이제 율법과 예언자의 시대가 세례 요한으로 마무리되고, 하나님나라의 복음이 예수님의 선포와 함께 시작된 것이다. 우리도 하나님의 좋은 소식을 선포하는 이 사역을 이어가야 할 것이다.

ἀποκάλυψις 아포칼립프시스

이것은 예수 그리스도의 **계시**입니다. 이 **계시**는 곧 일어나야 할 일들을 그 종들에게 보이시려고, 하나님께서 그리스도에게 주신 것입니다. 그런데 그리스도께서는 자기의 천사를 보내셔서, 자기의 종 요한에게 이것을 알려주셨습니다. _ 계 1:1

아포칼립프시스는 '계시'다. '~로부터'라는 전치사 아포(ἀπό)와 '숨기다, 가리다, 덮다'라는 동사 칼리프토(καλύπτω)의 합성명사로, 더 이상 숨기거나 가리지 않고 드러낸다는 것을 의미한다. 계시를 의미하는 영어 단어 apocalypse도 이 단어에서 왔다. 하나님의 계시는 감추셨던 것을 드러내신다는 의미가 있고, 신약성경의 마지막 책 요한계시록도 영어로 'Revelation'(드러냄, 계시)이다. 사도 요한은 요한계시록에서 하나님께서는 예수님에게 계시하셨고, 예수님께서는 요한에게 나타내주셨다고 말한다.

093

ἐπιστολή 에피스톨레

여러분은 분명히 그리스도께서 쓰신 **편지**입니다. 우리는 그것을 작성하는 데에 봉사하였습니다. 그것은 먹물로 쓴 것이 아니라 살아계신 하나님의 영으로 쓴 것이요, 돌판에 쓴 것이 아니라 가슴판에 쓴 것입니다.
_ 고후 3:3

에피스톨레는 '편지'다. 편지를 의미하는 영어 'epistle'은 **에피스톨레**에서 왔다. 편지는 바울 당시 지역과 나라 간에 소통할 수 있는 도구였고, 바울은 자신이 목회한 지역을 떠난 뒤에 편지로 목회를 관리했다. 신약성경 27권 중 13권이 바울의 이름으로 쓰인 편지다. 바울은 자신이 목회하던 교회의 교인들에게 목회 목적으로 편지를 보내거나, 자신이 목회하지 않은 교회라도 어떤 도움을 요청하거나 그 교인들의 신앙 성장을 위해 편지를 썼다. 지금 우리는 정경으로 바울의 편지들을 읽고 있지만, 읽을 때는 반드시 바울의 편지가 쓰여진 상황을 고려하면서 읽어야 한다.

쏘조

하나님께서 아들을 세상에 보내신 것은, 세상을 심판하시려는 것이 아니라, 아들을 통하여 세상을 **구원하시려는 것이다**. _ 요 3:17

쏘조는 '구원하다'이다. 어떤 고통이나 위험한 상황에서 벗어나거나 안전하게 보호받는 상황, 또한 죽음에서 살아난 상황을 나타낼 때 사용한다. 예수님께서는 특별히 질병을 고쳐주시면서, 또는 삭개오처럼 삶의 변화가 일어날 때도 '구원받았다'라고 말씀하셨다. 이것은 미래에 심판으로부터 벗어나거나 죽음으로부터 살아난다는 의미라기보다는 '현재의 고통과 죽음으로부터 벗어났다'라는 의미에서 사용하신 것이다. 그러므로 우리에게 구원은 현재적 의미와 미래적 의미를 모두 가지고 있음을 알아야 한다.

095

σωτήρ 쏘테르

우리가 모든 사람 특히 믿는 사람의 **구주**이신 살아계신 하나님께 소망을 두므로, 우리는 수고하며 애를 쓰고 있습니다. _ 딤전 4:10

쏘테르는 '구원자'다. 앞에서 살펴본 '구원하다'라는 동사 '쏘조'에서 온 단어로, '살려주는 사람, 구원해주는 사람'을 **쏘테르**라 불렀다. 우리에게 **쏘테르**는 바로 예수 그리스도시며, 그분을 보내주신 하나님은 우리의 구원자시다. 우리들의 구원자 예수님께 우리의 모든 삶의 짐을 맡기고, 희망과 함께 우리가 할 수 있는 수고와 노력으로 최선을 다해야 할 것이다. 어떠한 결과가 나오든 우리 구주 예수님에 대한 소망을 단단히 붙들며 살아가자.

αἷμα 하이마

그러므로 형제자매 여러분, 우리는 예수의 **피**를 힘입어서 담대하게 지성소에 들어가게 되었습니다. _ 히 10:19

하이마는 '피'다. 히브리 전통에서 피는 곧 생명을 의미했다. 피 안에 생명이 있으므로 유대인들은 피가 있는 음식을 먹지 않았다. 유대인들의 제사의식에서도 동물의 피를 흘리는 것은 우리가 죄 때문에 벌을 받아야 할 것을 대신해 그 동물이 생명을 바친다는 의미가 있었다. 출애굽에서도 양의 피를 문설주에 바르면 죽음의 재앙이 넘어갔고, 그 구원 사건을 기념하는 절기가 유월절이다. 예수님께서도 십자가에서 피를 흘리시므로, 당신의 귀한 생명을 버리셨고, 그 피로 말미암아 우리는 나음을 얻고 구원을 받았다. 그리고 우리는 예수님의 피로 인해 생명을 얻고, 다시는 희생 제사를 드리는 일 없이 담대하게 하나님을 만날 수 있게 되었다.

097

θυσία 뛰시아

선을 행함과 가진 것을 나눠주기를 소홀히 하지 마십시오. 하나님께서는 이런 **제사**를 기뻐하십니다. _ 히 13:16

뛰시아는 '신에게 바치는 행위' 또는 '제사'를 말한다. 구약 시대에는 종류별로 희생제물을 바쳐서 제사를 드렸지만, 예수 그리스도의 십자가로 더 이상 우리는 하나님께 희생제물을 바쳐서 제사를 드리지 않는다. 하나님께서 좋아하시는 제사는 하나님 뜻대로 행하고 실천하는 우리의 삶이다. 히브리서 13장 16절에 따르면 하나님께서 기뻐하시는 제사는 선을 행함과 나눔을 실천하는 삶이다. 하나님께서 우리에게 바라시는 제사의 삶을 누구에게 실천할 것인지 하나님께서 보내주시는 사람들을 잘 살펴보자.

프라우스

온유한 사람은 복이 있다. 그들이 땅을 차지할 것이다. _ 마 5:5

프라우스는 '겸손한, 온유한, 이기적이지 않은, 부드러운, 생각이 깊은' 등의 뜻을 가지고 있다. 이러한 사람은 하나님의 성품을 잘 반영하고 있다. 아직은 악한 세상에서 살아갈 때 이러한 성품의 소유자가 부자로 살 가능성은 희박할 수 있다. 산상수훈에서 예수님께서는 이 온유한 사람들이 땅을 차지할 것이라고 말씀하심으로써 반전의 메시지를 지속하신다. 하나님나라는 바로 하나님의 성품을 가진 사람들이 하나님의 기업을 이어받게 된다.

099

ἔλεος 엘레오스

그러나 하나님은 **자비**가 넘치는 분이셔서, 우리를 사랑하신 그 크신 사랑으로 말미암아 범죄로 죽은 우리를 그리스도와 함께 살려주셨습니다. 여러분은 은혜로 구원을 얻었습니다. _ 엡 2:4-5

엘레오스는 '자비, 친절, 동정, 관심' 등 타인의 필요를 무시하지 않고 그 필요에 부응하는 행위를 의미한다. 하나님께서는 이러한 자비가 넘치셔서 죄로 인해 죽을 수밖에 없는 우리들을 살리기 위해 그리스도를 내어주셨다. 우리는 예수님과 함께 십자가에 못박혔고, 그분과 함께 다시 살아났다. 이것은 자비의 하나님께서 우리에게 베푼 은혜이며, 이러한 은혜로 우리는 구원을 받았다.

καλός 칼로스

그대가 이런 교훈으로 형제자매를 깨우치면, 그대는 믿음의 말씀과 그대가 지금까지 좇고 있는 **좋은** 교훈으로 양육을 받아 그리스도 예수의 **좋은** 일꾼이 될 것입니다. _ 딤전 4:6

칼로스는 '좋은, 유용한, 아름다운, 매력적인, 높은 수준의' 등의 뜻을 가진 형용사다. 바울은 디모데에게 복음의 교훈으로 형제자매를 깨우치면 좋은 교훈으로 양육을 받아서 그리스도의 좋은, 매력적인, 아름다운, 유용한, 높은 수준의 일꾼이 될 것이라고 전하고 있다. 우리도 예수님께서 우리에게 전하신 교훈으로 양육을 받고, 그것을 주변의 사람들에게도 전하며 살아갈 때 예수님의 좋은 일꾼이 될 것이다.

κακός 카코스

아무도 **악**으로 **악**을 갚지 말고, 도리어 서로에게, 모든 사람에게, 항상 좋은 일을 하려고 애쓰십시오. _ 살전 5:15

카코스는 바로 앞에서 살펴본 칼로스와 대조되는 형용사로 도덕적으로, 사회적으로 '악한'이라는 의미의 형용사다. 그밖에 **카코스**는 '상해를 입히는, 위험한, 나쁜' 등의 의미가 있다. 예수님께서는 악을 악으로 갚지 않으셨다. 십자가의 모욕을 참으며 온전히 하나님께 순종하면서 사람들의 죄를 다 끌어안으셨다. 그리하여 악의 고리를 끊는 방법을 몸소 실천하면서 악에게 승리하셨다. 우리 역시 악을 악으로 갚지 말고, 할 수 있는 한 모든 사람에게 항상 좋은 일을 할 수 있도록 노력하자.

ἀγαθός 아가또스

선한 사람은 **선한** 것을 쌓아두었다가 **선한** 것을 내고, 악한 사람은 악한 것을 쌓아두었다가 악한 것을 낸다. _ 마 12:35

아가또스는 '선한'이란 의미의 형용사다. 그밖에도 '가치가 높은, 유용한, 질이 좋은' 등의 의미가 있다. 하나님나라에서의 열매는 심은 씨앗이 그대로 열매가 된다. 그리하여 선한 사람은 선한 것을 쌓아서 선한 것을 열매로 내놓고, 악한 사람은 악한 것을 쌓아서 악한 열매를 내놓는 것이다. 선한 것은 우리 일상의 삶에서 언어, 태도, 행위, 신앙과 관련 있으며 하나님께서는 우리 삶의 열매로 선한 삶을 원하신다.

ἔσχατος 에스카토스

이 **마지막** 날에는 아들을 통하여 우리에게 말씀하셨습니다. 하나님께서는 이 아들을 만물의 상속자로 세우셨습니다. 그를 통하여 온세상을 지으신 것입니다. _ 히 1:2

에스카토스는 '끝, 마지막'이란 의미다. 신학적으로 '종말'의 의미로 많이 사용된다. 그리하여 영어는 종말론을 eschatology(eschatos + logos)라고 쓴다. 하나님의 시간과 우리의 시간 이해는 다르다. 하나님께서 예수 그리스도를 우리에게 보내주신 것은 구원의 마지막 방법이기 때문이다. 그러므로 예수님께서 오신 이후부터 시대의 **에스카토스**는 시작되었고, 지금도 이어지고 있다. 우리는 지금 종말의 시간을 살아가고 있다. 그러므로 늘 깨어 하나님을 바라보며 살아가야 한다.

πρῶτος 프로토스

나는 알파며 오메가, 곧 **처음**이며 마지막이요, 시작이며 끝이다.
_ 계 22:13

프로토스는 '처음'이란 뜻이다. 바로 앞에 살펴본 **에스카토스**의 반대말이다. **프로토스**는 또한 '가장 중요한, 유명한, 최고의' 등의 의미가 있다. 알파와 오메가는 헬라어 알파벳의 첫 글자와 마지막 글자다. 예수님이 알파요, 오메가란 말은 문자 그대로 이 세상의 처음 시작이고, 마지막이란 의미와 더불어 가장 중요한 최고의 분이라는 의미다. 이 세상을 알파와 오메가처럼 예수님께서 감싸고 계시니 그분의 품안에서 우리는 평안을 누리며 살아갈 수 있다.

πέμπω 펨포

[예수께서] 다시 그들에게 말씀하셨다. "너희에게 평화가 있기를 빈다. 아버지께서 나를 **보내신** 것같이, 나도 너희를 **보낸다**." _ 요 20:21

펨포는 '보내다'라는 의미가 있다. 이것은 보내는 주체가 상대방에게 소통의 목적으로, 또는 중간 매개의 역할로 대신 누구를 보낸다는 의미를 가지고 있다. 그래서 하나님께서는 인간과 소통하실 목적으로, 구원할 매개자로 예수 그리스도를 우리에게 보내주셨고, 이제는 예수님께서 같은 목적을 위해 우리를 세상에 보내셨다. 하나님께서 예수님을 우리에게 보내주신 것과 같은 목적을 위해, 우리는 세상에서 그 역할을 감당해야 한다. 이것은 우리의 사명이다.

διάβολος 디아볼로스

죄를 짓는 사람은 **악마**에게 속해 있습니다. **악마**는 처음부터 죄를 짓는 자이기 때문입니다. 하나님의 아들이 나타나신 목적은 **악마**의 일을 멸하시려는 것입니다. _ 요일 3:8

디아볼로스는 '악마'다. '갈라놓다, 분리하다'의 의미를 가지고 있는 디아발로(διαβάλλω)에서 왔다. 문자적으로는 하나님과 인간 사이를 갈라놓는 자, 중상 모략하는 자라는 의미가 있다. **디아볼로스**가 행하는 우선의 목적은 우리를 하나님으로부터 떼어놓으려는 것이다. 그래서 우리로 하여금 죄의 세력으로 들어가도록 유혹한다. 그러나 예수님께서는 이땅에 오셔서 이러한 악마의 일을 물리치셨고, 우리가 하나님께 속하도록 가교의 역할을 하셨다.

Σατανᾶς 사타나스

그때에 예수께서 그에게 말씀하셨다. "**사탄아**, 물러가라. 성경에 기록하기를 '주 너의 하나님께 경배하고, 그분만을 섬겨라' 하였다." _ 마 4:10

사타나스는 '사탄'이다. 아람어에서 온 것으로 문자적 의미는 적대자다. 헬라어의 악마, 디아볼로스와 같은 의미이고, 신약성경에서 사탄이 쓰일 때는 대문자로 시작되고, 디아볼로스는 소문자로 쓴다. **사타나스**와 디아볼로스는 모두 악마라는 뜻이지만, 존재 자체가 다른 것을 의미하지는 않는다. 예수님께서는 악마를 '사탄'이라 부르셨다. 사탄은 우리의 적대자로 그들의 미션은 하나님과 우리 관계를 갈라놓는 것이다. 예수님께서 말씀하셨던 것처럼, 우리도 사탄이 우리에게 다가올 때 "사탄아, 물러가라"라고 외쳐야 할 것이다.

δαιμόνιον 다이모니온

그는 온갖 병에 걸린 사람들을 고쳐주시고, 많은 **귀신**을 내쫓으셨다. 예수께서는 **귀신**들이 말하는 것을 허락하지 않으셨다. 그들이 예수가 누구인지를 알았기 때문이다. _ 막 1:34

다이모니온은 '귀신'을 뜻한다. **다이모니온**은 그리스 철학에서 초월적인 존재로, 신과 인간 사이의 어떤 영적인 존재를 의미했다. 신약성경에서 **다이모니온**은 '혼'과 같은 귀신을 의미하고 인간을 괴롭히는 존재들이지만, 예수님께서 나타나시면 꼼짝도 못하고 쫓겨나간 존재들이다. 복음서에서 보면 이 **다이모니온**들이 예수님이 진정한 하나님의 아들이심을 먼저 알아본다. 사탄이나 디아볼로스보다는 계급이 낮은 악한 초월적 존재들로 이해하면 될 것 같다.

καλέω 칼레오

너희는 가서 "내가 바라는 것은 자비요, 희생제물이 아니다" 하신 말씀이 무슨 뜻인지 배워라. 나는 의인을 **부르러** 온 것이 아니라, 죄인을 **부르러** 왔다. _ 마 9:13

칼레오는 '부르다'라는 의미의 동사다. 단순히 누군가의 이름을 부를 때도 이 동사를 사용하지만, 누구를 초청할 때, 또는 권위 있는 분을 모셔올 때도 **칼레오** 동사를 사용한다. 하나님께서 우리에게 바라신 것은 제사 때 바치는 희생제물이 아니라 우리의 자비를 원하셨다. 그래서 하나님께서는 예수님을 우리에게 보내주셨다. 예수님께서는 그 자비를 실천하시기 위해 은혜를 감당하지 못한 죄인일지라도 그들을 구원의 자리로 초청하셨다.

Θέλω 뗄로

예수께서 그를 불쌍히 여기시고, 손을 내밀어 그에게 대시고 말씀하셨다. "**그렇게 해주마**. 깨끗하게 되어라." _ 막 1:41

뗄로는 '원하다'라는 뜻이다. 이 동사에서 '뜻'을 의미하는 '뗄레마'(θέλημα)가 나왔다. 나병환자는 예수님께 주님이 원하시면 자신이 나을 수 있다고 말했고, 예수님께서는 '원한다'라고 말씀하셨다. 예수님께서는 우리의 회복을, 그리고 구원을 원하신다. 관건은 나병환자처럼 우리가 구원이 필요한 자임을 절실히 깨닫고, 주님의 능력을 인정하고 받아들이는 것이다. 선하신 예수님께서는 그렇게 믿음으로 구하는 자들의 기도를 "내가 원한다"라고 말씀하며 들어줄 준비가 되어 있으시다는 것이다. 우리의 구원을, 그리고 회복을 원하시는 예수님께 믿음으로 나아가자.

καθαρίζω 까따리조

그러나 하나님께서 빛 가운데 계신 것과같이, 우리가 빛 가운데 살아가면, 우리는 서로 사귐을 가지게 되고, 하나님의 아들 예수의 피가 우리를 모든 죄에서 **깨끗하게 해주십니다**. _ 요일 1:7

까따리조는 '깨끗케 하다'라는 말이다. "육체적으로 더러워진 부분을 깨끗하게 씻는다"라는 의미가 있고, '병을 낫게 하다, 치유하다', 예식을 통해 '성결하게 되다'라는 뜻도 있다. 영어의 카타르시스(catharsis)가 이 단어에서 왔으며, 감정 정화의 의미를 가지고 있다. 예수 그리스도께서는 이땅에 오셔서 십자가에서 피를 흘리고 우리 죄를 용서해주기 위해 희생제물이 되셨고, 그 은혜로 말미암아 우리는 모든 죄에서 깨끗함을 받고 성결하게 되었다.

ἐκβάλλω 엑크발로

앓는 사람을 고쳐주며, 죽은 사람을 살리며, 나병 환자를 깨끗하게 하며, 귀신을 **쫓아내어라**. 거저 받았으니, 거저 주어라. _ 마 10:8

엑크발로는 '쫓아내다'라는 말이다. '~ 밖으로'라는 의미의 전치사 엑크(ἐκ)와 '던지다'라는 의미의 동사 발로(βάλλω)의 합성어로, 문자적인 뜻은 '밖으로 내던지다'이다. 예수님께서 하신 대표적인 하나님나라 사역은 악의 세력을 내던지신 일이었다. 그러므로 예수님과 함께 우리가 십자가에 못박히고 예수님과 함께 살아가는 사람들에게는 이러한 악의 세력이 접근하지 못한다. 예수님께서 이미 악한 세력들을 밖으로 내던져 버리셨기 때문이다. 우리가 할 일은 예수님 안에서 예수님으로 호흡하며 생명의 삶을 가꾸어나가는 것이다.

δίδωμι 디도미

그리고 주 예수께서 친히 "**주는** 것이 받는 것보다 더 복이 있다" 하신 말씀을 반드시 명심해야 합니다. _ 행 20:35

디도미는 '주다'라는 뜻의 동사다. '자비의 표현으로 주다, 기부하다'라는 뜻, 그리고 '생산하다, 일으키다, 돌보다, 사명을 부여하다' 등의 여러 의미로 사용된다. 예수님께서는 주는 것이 받는 것보다 더 복이 있다고 말씀하셨다. 우리도 되받을 것을 전혀 생각하지 않고, 순수한 마음으로 기부하고, 타인의 도움을 위해 자선을 베푸는 일들을 해야 할 것이다. 왜냐하면 이러한 일들의 보상은 땅으로부터 받는 것이 아니라, 하늘로부터 받을 때 그 가치의 깊이가 크며, 무엇보다도 이러한 일을 할 때 하나님께서 기뻐하시기 때문이다.

παραδίδωμι 파라디도미

“인자는 반드시 죄인의 손에 **넘어가서**, 십자가에 처형되고, 사흘째 되는 날에 살아나야 한다”고 하셨다. _ 눅 24:7

파라디도미는 ‘넘겨주다’라는 뜻이다. ‘~ 곁에, 함께’라는 전치사 파라(παρά)와 ‘주다’라는 뜻의 동사 디도미(δίδωμι)의 합성어로 ‘~에게 넘겨주다’라는 의미다. 예수님께서는 자신의 수난과 죽음을 세 번 예고하셨고, 죄인들의 손에 넘겨져 십자가에서 처형된 후, 사흘 만에 다시 살아나실 것이라고 말씀하셨다. 예수님을 넘긴 사람들은 그 당시 유대인과 로마인들이었지만, 신학적 의미로 예수님을 넘겨준 사람들은 바로 우리 자신들이다. 그래서 우리는 예수님을 십자가에 못박은 죄인들이지만, 동시에 예수님께서 구원해주신 대상이다.

σπλαγχνίζομαι

스플랑크니조마이

예수께서 배에서 내려서 큰 무리를 보시고, 그들이 마치 목자 없는 양과 같으므로, 그들을 **불쌍히 여기셨다**. 그래서 그들에게 여러 가지로 가르치기 시작하셨다. _ 막 6:34

스플랑크니조마이는 '불쌍히 여기시다'로 해석된다. 이 동사는 사람의 내장을 의미하는 스플랑크나(σπλάγχνα)를 어원으로 만들어진 것으로 "내장이 아플 만큼 공감한다"라는 뜻이다. 우리말 중에 '애간장을 태우다'라는 표현이 있는데, **스플랑크니조마이**와 가장 유사한 의미라고 하겠다. 영어로는 compassion으로 해석될 수 있는데, 이는 라틴어의 compassio에서 온 것으로 의미는 '함께 아프다'라는 뜻이다. 즉 예수님께서는 목자 없는 양과 같은 무리를 보시고, 애간장을 태우듯 아파하셨다라는 뜻이다. 예수님께서는 이렇게 공감의 능력자이셨다. 우리의 아픔에도 이렇게 애간장을 태우며 함께 아파하고 계실 예수님을 바라보자.

ἀρχή 아르케

태초에 '말씀'이 계셨다. 그 '말씀'은 하나님과 함께 계셨다. 그 '말씀'은 하나님이셨다. _ 요 1:1

아르케는 '처음, 시작, 근원, 통치' 등의 의미가 있다. 이 세상의 아르케는 말씀이었다고 요한복음 기자는 전하고 있다. 즉 이 세상의 기원은 하나님의 말씀이고, 그 말씀이 이 세상을 시작했고, 말씀으로 이 세상을 통치하고 계신다는 의미다. 처음부터 존재하신 말씀이 성육화 되신 분이 바로 예수 그리스도다. 태초부터 하나님과 함께 계셨고, 하나님 자신이셨던 분이 지금도 우리에게 말씀하고 계시며 그 말씀으로 우리를, 그리고 이 세상을 통치하고 계신다.

λαμβάνω 람바노

내가 진정으로 진정으로 너희에게 말한다. 내가 보내는 사람을 영접하는 사람은 나를 **영접하는** 사람이요, 나를 **영접하는** 사람은 나를 보내신 분을 영접하는 사람이다. _ 요 13:20

람바노는 '받아들이다'라는 뜻을 가진다. '~을 잡다, 이동시키다, 어떤 것을 얻다, 소유하다' 등의 의미가 있다. 신약성경은 '영접하다'라는 의미로 해석했는데, 아마도 '예수님을, 하나님을 받아들이다'라는 높이는 말로 사용한 것 같다. 예수님께서 보내신 사람을 받아들이고 대접하는 사람은 곧 그를 보내신 예수님을 영접하는 것이고, 예수님을 보내신 하나님을 영접하는 것이다. 우리 주변에 예수님께서 보내신 사람들이 있다. 지금 당신이 예수님처럼, 하나님처럼 영접해야 할 사람은 누구인가?

ἀναβαίνω 아나바이노

예수께서 마리아에게 말씀하셨다. "내게 손을 대지 말아라. 내가 아직 아버지께로 **올라가지** 않았다. 이제 내 형제들에게로 가서 이르기를, 내가 나의 아버지 곧 너희의 아버지, 나의 하나님 곧 너희의 하나님께로 **올라간다고** 말하여라." _ 요 20:17

아나바이노는 '올라가다'라는 말이다. '~ 위쪽으로'를 뜻하는 전치사 아나(ἀνά)와 '가다'라는 동사 바이노(βαίνω)의 합성어로 '위쪽으로 가다'라는 의미다. 요한복음은 예수님의 사역을 위로부터 내려오셔서 다시 올라가시는 공간적 이동의 사역으로 설명한다. 부활하신 예수님께서는 막달라 마리아를 가장 먼저 만나셨고, 마리아를 사도로 삼아 예수님의 제자들에게 보내신다. 이제 예수님의 아버지는 우리의 아버지가 되시고, 예수님의 하나님은 곧 우리의 하나님이다. 우리 역시 그분께로 올라갈 날을 기다리며, 우리의 사명을 다해야 할 것이다.

καταβαίνω 카타바이노

하나님의 빵은 하늘에서 **내려와** 세상에 생명을 주는 것이다. _ 요 6:33

카타바이노는 '내려가다'라는 뜻이다. 앞에서 살펴본 아나바이노(올라가다) 동사와 반대말이다. '~ 밑으로'라는 전치사 카타(κατά)와 '가다'의 동사 바이노(βαίνω)가 합쳐져서 '밑으로 가다'라는 뜻이다. 예수님께서는 우리에게 생명의 빵으로 내려오신 분으로, 우리를 위한 구원의 사역을 모두 마치고 다시 올라가신 분이다. 예수님께서 우리에게 완전히 내어주신 그분의 몸을 생명의 빵으로 삼아, 그분이 주시는 말씀을 먹고 그것으로 생명의 삶을 풍성히 가꾸어가자.

프쉬케

사람이 자기 친구를 위하여 자기 **목숨**을 내놓는 것보다 더 큰 사랑은 없다. _ 요 15:13

프쉬케는 '목숨'이다. **프쉬케**는 '영혼, 육체, 생명의 본질' 등의 의미로 다양하게 사용된다. 예수님께서는 사랑의 정의를 친구를 위하여 목숨을 내놓는 것이라고 말씀하셨다. 이것을 실천하신 분이 바로 예수 그리스도다. 예수님께서는 우리를 친구로 여기고, 우리를 위하여 자신의 **프쉬케**를 내어놓으셨다. 예수님께서 보여주신 큰 사랑을 힘입어 우리의 **프쉬케**도 우리의 친구 되신 예수 그리스도를 위해 내어놓을 수 있는 사랑의 본질에 다다를 수 있을까.

μνημόσυνον 므네모쉬논

고넬료가 천사를 주시하여 보고, 두려워서 물었다. “천사님, 무슨 일입니까?” 천사가 대답하였다. “네 기도와 자선 행위가 하나님 앞에 상달되어서, 하나님께서 **기억**하고 계신다.” _ 행 10:4

므네모쉬논은 ‘기억’이다. ‘기억하다’라는 동사 므네모뉴오(μνημονεύω)의 명사형이다. ‘기억하는 행위, 마음속에 품고 있는 상태, 기념하여 하나님께 드리는 제물’ 등도 의미한다. 누군가를 기억하는 것은 그분을 존중하고, 기념하고, 높이 기리는 행위다. 그리하여 그분의 존재, 그분이 한 일들을 잊지 않고 마음에 새기며, 내 삶에 영향을 주는 행위라고 하겠다. 우리는 예수님을 평생 기억하고 기념하며 살아야 한다. 그런데 놀랍게도 하나님께서도 우리를 기억하고 계신다고 한다. 우리의 기도와 행위를 다 기억하고 계시는 하나님, 그분은 우리의 수고가 절대 헛되지 않음을 알려주신다.

κόπος 코포스

그러므로 나의 사랑하는 형제자매 여러분, 굳게 서서 흔들리지 말고, 주님의 일을 더욱 많이 하십시오. 여러분이 아는 대로, 여러분의 **수고**가 주님 안에서 헛되지 않습니다. _ 고전 15:58

코포스는 일의 '수고'를 뜻한다. 열심히 일을 하고 있기 때문에 짊어져야 하는 책임의 무게를 의미하고, 또 다른 뜻으로는 고난, 고통, 어려움 등이 있다. 바울은 굳건한 믿음과 함께 주님의 일을 열심히 많이 할 것을 권고한다. 왜냐하면 주님을 위한 우리의 섬김이 결코 주 안에서 헛되지 않기 때문이다. 그러나 보상 자체를 바라고 조건적으로 하는 마음은 버려야 한다. 하나님께 감사하는 마음으로, 마땅히 주의 종이 해야 하는 일처럼 하고 있을 때, 하나님께서는 우리가 생각하지 못하는 방법으로 우리의 필요를 채워주신다.

πτωχός 프토코스

예수께서 눈을 들어 제자들을 보시고 말씀하셨다. "너희 **가난한** 사람들은 복이 있다. 하나님의 나라가 너희의 것이다." _ 눅 6:20

프토코스는 '가난한'이란 뜻의 형용사다. 물질적으로, 실질적으로 가난한, 보잘것없는 낮은 상태를 의미하고, 또는 하나님께로 나가는 가난한 마음과 겸손한 상태를 뜻할 때도 이 형용사를 사용한다. 누가복음에서 예수님께서 '가난한 사람들'이 복이 있다라고 말씀하실 때, 이 가난함은 물질적, 실제적 가난함을 뜻한다. 하나님께서는 가난의 고통을 알고 그들과 함께하면서 하나님나라를 선포하고 부여하는 특권을 주신다.

μέλος 멜로스

한 **지체**가 고통을 당하면, 모든 지체가 함께 고통을 당합니다. 한 **지체**가 영광을 받으면, 모든 지체가 함께 기뻐합니다. _ 고전 12:26

멜로스는 우리 몸의 한 부분을 뜻한다. 새번역은 '지체'라고 해석했는데, 실제로도 공동체의 한 구성원을 뜻할 때도 **멜로스**를 사용한다. 바울은 교회 공동체에 대해 예수 그리스도를 머리로 하는 한 몸이라고 설명한다. 몸을 구성하는 각 지체가 기능은 서로 달라도 모두 연결되어 있고 하나라는 비유를 사용해, 우리가 모두 달라도 그리스도 안에서 한 형제자매라는 것을 강조한다. 그러므로 한 몸인 각 지체들은 고통과 기쁨을 공유하며 하나님의 영광을 위해 함께 일한다.

125

γλῶσσα 글로싸

그런데 **혀**는 불이요, **혀**는 불의의 세계입니다. **혀**는 우리 몸의 한 지체이지만, 온몸을 더럽히며, 인생의 수레바퀴에 불을 지르고, 결국에는 **혀**도 게헨나의 불에 타버립니다. _ 약 3:6

글로싸의 뜻은 '혀'다. 또 다른 뜻은 언어 그 자체를 의미하기도 하고, 방언을 뜻할 때도 **글로싸**를 사용한다. '어휘'를 뜻하는 영어 glossary가 이 단어에서 왔다. 성경은 우리의 '말'과 '언어' 사용이 매우 중요하다고 가르친다. 우리가 어떻게 말하는가에 따라 그 말은 축복이 될 수도, 저주가 될 수도 있다. 그러므로 항상 선한 말과 감사의 말을 하도록 훈련해야 한다.

μαρτύριον 마르튀리온

사도들은 큰 능력으로 주 예수의 부활을 **증언**하였고, 사람들은 모두 큰 은혜를 받았다. _ 행 4:33

마르튀리온은 '증언'이다. 어떤 것을 증명하기 위한 자료들이나 사람의 믿을 만한 말을 의미하며, 순교의 의미도 있다. 순교를 의미하는 영어 martyrdom이 이 단어에서 왔다. 즉 순교는 증언하기 위한 것이다. 마가의 다락방에서 성령을 받은 후, 사도들은 예수님께서 행하셨던 일들, 즉 선포, 전도, 가르침, 치유 사역을 능력으로 똑같이 행했고, 특별히 예수님의 부활을 증언했을 때 사람들은 모두 큰 은혜를 받았다. 오늘 우리가 말할 수 있는 **마르튀리온**, 즉 증언은 무엇인가?

γεννάω 겐나오

예수께서 그에게 말씀하셨다. "내가 진정으로 진정으로 너에게 말한다. 누구든지 다시 **나지** 않으면, 하나님나라를 볼 수 없다." _ 요 3:3

겐나오는 '태어나다'라는 말이다. 아이를 '낳다' 또는 '부모가 된다'는 의미도 있고, '생산하다, 무엇을 발생하게 하다'라는 의미도 있다. 영어의 '낳다, 생산하다'라는 의미의 generate가 **겐나오** 동사와 관련이 있다. 예수님께서는 거듭나야 하나님나라를 볼 수 있다고 말씀하셨다. 이것은 그야말로 다시 태어난다는 것을 의미하는데, 완전히 옛 사람의 모습을 벗어버리고, 주 예수 그리스도로 옷 입는 새사람이 된다는 뜻이다.

νεκρός 네크로스

죽은 사람들이 살아나는 일이 없다면, 그리스도께서 살아나신 일도 없었을 것입니다. _ 고전 15:16

네크로스는 '죽은'이라는 뜻의 형용사다. 생명이 끊어진 상태, 숨이 끊겨진 상태의 육체적 죽음을 의미할 때 사용되고, 영적으로는 하나님과 관계가 멀어진 상태를 말할 때 사용될 수 있다. 바울은 예수 그리스도의 부활이 우리 역시 죽음으로부터 다시 살아날 것임을 보여주는 표상이 된다고 설명한다. 그날이 올 때까지 우리의 영적 호흡이 끊이지 않도록 예수님 안에서 예수님과 동행하는 삶을 지속해야 할 것이다.

ἐγείρω 에게히로

우리는 이미 죽음을 선고받은 몸이라고 느꼈습니다. 그렇게 된 것은 우리 자신을 의지하지 않고 죽은 사람을 **살리시는** 하나님을 의지하게 하기 위함이었습니다. _ 고후 1:9

에게히로는 '일으키다, 살리다'라는 뜻의 동사다. 잠자는 상태로부터 깨울 때, 정신차리게 할 때, 일어나게 할 때, 죽음으로부터 살아날 때 이 동사를 사용한다. 하나님께서 예수 그리스도를 부활시키실 때 **에게히로** 동사가 사용되었다. 예수님께서 나사로를 살릴 때, 야이로의 딸을 살릴 때도 이 동사를 사용하셨다. 우리가 의지할 분은 우리를 살리시는 하나님이다. 하나님께 지속적으로 의지해 영적으로 깨어 있는 자들이 되자.

ὕδωρ 휘도르

그러나 내가 주는 **물**을 마시는 사람은, 영원히 목마르지 아니할 것이다. 내가 주는 **물**은, 그 사람 속에서, 영생에 이르게 하는 샘**물**이 될 것이다.
_ 요 4:14

휘도르는 '물'이다. 생명수의 의미로도 사용된다. '물'은 신학적으로 우리의 죄를 깨끗이 씻어내는 기능을 하는 것으로 상징된다. 세례를 받을 때 물로 받는 이유도 우리의 죄들을 깨끗이 씻어내고 새로운 사람으로 태어난다는 의미가 있다. 물은 인간이 살아가는 데 있어서 반드시 필요한 요소다. 그처럼 예수님께서는 자신이 생명의 물이 된다고 말씀하셨다. 생명의 물을 주시는 예수님께 나아가 우리의 영을 채울 때, 우리는 목마르지 아니한 영생의 삶을 누리게 된다.

νηστεύω 네스튜오

예수께서 그들에게 말씀하셨다. "혼인 잔치에 온 손님들이, 신랑과 함께 있는 동안에 **금식**할 수 있느냐? 신랑을 자기들 곁에 두고 있는 동안에는 **금식**할 수 없다. 그러나 신랑을 빼앗길 날이 올 터인데, 그날에는 그들이 **금식**할 것이다." _ 막 2:19-20

네스튜오는 '금식하다'라는 뜻이다. 금식은 하나님께 가까이 가기 위한 오랜 전통의 신앙훈련이다. 예수님 당시에도 유대인들은 금식을 했으며, 금식을 하지 않는 예수님과 제자들을 이상히 여기며 비판했다. 그때 예수님께서는 당신이 지상에 살아계실 때는 금식할 필요가 없고, 이 세상을 떠나신 이후에는 금식이 필요함을 말씀하셨다. 예수님께서도 광야에서 하나님의 아들로서 준비하실 때 40일 동안 금식하셨다. 금식은 하나님께 좀 더 집중하고 가까이 다가서기 위한 기도자의 준비다.

κτίστης 크티스테스

그러므로 하나님의 뜻을 따라 고난을 받는 사람은, 선한 일을 하면서 자기의 영혼을 신실하신 **조물주**께 맡기십시오. _ 벧전 4:19

크티스테스는 '조물주, 창조주'를 말한다. '창조하다'라는 의미의 동사 크티조(κτίζω)에서 왔고, 피조물은 크티시스(κτίσις)라고 한다. 이 세상과 더불어 우리를 창조하신 이는 하나님이다. 우리는 하나님의 뜻에 따라 고난을 받을 수 있다는 점을 명심해야 한다. 하나님께서 주시는 고난이라 생각할 때는 선한 일을 지속하면서 조물주이신 하나님께 모든 것을 맡기고 기도하는 훈련을 해야 할 것이다. 이것이 바로 **크티스테스** 앞에서 크티시스가 갖추어야 할 자세다.

κτίσις 크티시스

현재 우리가 겪는 고난은, 장차 우리에게 나타날 영광에 견주면, 아무 것도 아니라고 나는 생각합니다. **피조물**은 하나님의 자녀들이 나타나기를 간절히 기다리고 있습니다. _ 롬 8:18-19

크티시스는 '피조물'이다. 바로 앞에서 살펴본 것처럼, '창조하다'라는 동사 '크티조'의 명사형으로, 창조주는 크티스테스, 피조물은 **크티시스**다. 하나님의 **크티시스**는 사람만이 아니다. 이 세상의 모든 만물이 하나님에 의한 피조물이다. 사람은 하나님의 형상을 본받아 만들어진 가장 고등한 존재로, 하나님의 작품인 이 세상 만물을 잘 섬기고 아름답게 가꾸어야 할 사명이 있다. 그러나 사람의 죄악이 이 지구별의 생태계를 위협했고, 지금은 그 대가를 톡톡히 치르고 있는 중이다. 모든 피조물들이 하나님의 자녀가 나타나기를 간절히 기대하고 있는 만큼, 하나님의 자녀들은 이 세상을 인간의 이기성과 죄악으로부터 구하는 일에 앞장서야 한다.

γεμίζω 게미조

주인이 종에게 말하였다. "큰 길과 산울타리로 나가서, 사람들을 억지로라도 데려다가, 내 집을 **채워라**." _ 눅 14:23

게미조는 '채우다'라는 뜻을 가진 동사다. 예수님의 사역은 이렇게 채우는 사역이었다. 우리의 빈 마음을 성령으로 채우시고, 우리의 모든 필요를 아시고 때에 따라 채워주신다. 큰 잔치의 비유(눅 14:15-24)는 잔치에 초대받은 이들이 여러 핑계를 대고 오지 않자, 집주인이 오히려 초대받지 않았던 소외된 사람들을 데리고 오라고 명한다. 잔치는 풍성하니, 가능한 많은 사람들이 잔치에 참여해 복을 누리라는 의미다. '억지로'(ἀναγκάζω)라고 해석된 '아낭카조'는 '힘을 다하여, 힘을 써서'란 의미가 있다. 여기엔 힘을 다하여 소외되었던 많은 자들이 잔치에 참여하도록 하게 하라는 주인의 자비로운 마음이 깃들어 있다.

σάββατον 사바톤

예수께서는, 자기가 자라나신 나사렛에 오셔서, 늘 하시던 대로 **안식일**에 회당에 들어가셨다. _ 눅 4:16

사바톤은 '안식일'이다 히브리어의 샤바트(שבת)의 헬라어 음역이다. 영어로는 Sabbath라고 적는다. 하나님께서는 세상을 창조하시고, 칠 일째 쉬셨는데, 유대 전통은 그날을 거룩히 하며 쉬면서 하나님을 예배하고 기억했다. 유대 전통의 안식일은 토요일이며, 지금도 유대인들은 토요일을 안식일로 지킨다. 기독교는 예수 그리스도의 부활하신 날을 기념하며, 문자적 안식일보다 기념적 안식일로 주일을 지킨다.

χείρ 케이르

예수께서 **손**을 내밀어서 그에게 대시고 “그렇게 해주마. 깨끗하게 되어라” 하고 말씀하시니, 곧 그의 나병이 나았다. _ 마 8:3

케이르는 ‘손’이다. 유대 전통에서도 ‘손’은 하나님께서 일하시는 도구로 은유적으로 사용되어왔고, 예수님께서도 손을 직접 사용해 치유하시거나 하나님의 능력을 드러내는 도구로 사용하셨다. 예수님께서는 나병환자를 말로 고치실 수 있는 능력이 있으셨으나, 손을 내밀어 그를 만져주신다. 당시에 나병환자를 만진다는 것은 불결한 일로 율법으로 금지하는 문화였으나, 예수님께서는 그 율법을 넘어 환자의 마음까지도 따뜻하게 만져주신다. 우리의 손도 하나님께서 사용하시는 능력의 통로가 되도록 주께 내어드리자.

ἀλλήλων 알렐론

이제 나는 너희에게 새 계명을 준다. **서로** 사랑하여라. 내가 너희를 사랑한 것같이, 너희도 **서로** 사랑하여라. 너희가 **서로** 사랑하면, 모든 사람이 그것으로써 너희가 내 제자인 줄을 알게 될 것이다. _ 요 13:34-35

알렐론은 '서로'라는 뜻의 부사다. 그리스도의 복음 안에 '서로서로'는 매우 중요한 키워드다. 하나님께서는 사람을 홀로 존재하는 자가 아닌, '함께하는 자'로 부르셨다. 그것이 바로 아담과 하와를 한몸으로 만드신 창조의 비밀이다. 그리하여 예수님께서 주신 새 계명도 서로를 사랑하는 것이다. 우리가 서로 사랑할 때, 그것은 예수 그리스도의 제자임을 표시하는 증거가 된다. 서로의 사랑은 예수님께서 우리를 사랑하신 것처럼 사랑하는 것이다. 사랑하기 힘들다면 주님께 도움을 청하자.

αἰτέω 아이테오

구하여라, 그리하면 하나님께서 너희에게 주실 것이다. 찾아라, 그리하면 너희가 찾을 것이다. 문을 두드려라, 그리하면 하나님께서 너희에게 열어주실 것이다. _ 마 7:7

아이테오는 '구하다, 요청하다, 답을 기다리며 부탁하다' 등의 의미가 있다. 구하는 것은 하나님께서 우리에게 주신 특권이다. 우리가 구하면 하나님께서는 주신다고 말씀하셨다. 구한 다음에 취해야 하는 우리의 행동은 찾고 문을 두드리는 것이다. 우리가 구하는 일이 우리의 욕심에 근거한 것이 아닌, 하나님나라의 선을 위한 것이라면 하나님께서는 우리가 구하고 찾고 두드리는 일들에 풍성히 응답해줄 것이라고 말씀하셨다. 이 말씀을 다시 한 번 붙잡고, 믿음으로 구하고, 찾고, 두드리자.

ζητέω 제테오

아무도 자기의 유익을 **추구하지** 말고, 남의 유익을 **추구하십시오**.
_ 고전 10:24

제테오는 '추구하다'라는 말이다. 바로 앞에서 설명한 아이테오가 'ask'의 의미를 갖는다면, **제테오**는 'seek'라는 뜻을 갖는다. 하나님께서는 자기의 이익을 추구하지 말고 남의 유익을 추구하라고 하셨는데, 이것은 복음의 비밀법칙 중 하나다. 즉 각자가 자신의 이익을 추구하지 말고, 서로가 서로를 위한 유익을 추구하라는 것이다. 나는 이웃의 유익을 위해 일하고, 하나님께서는 나의 유익을 위해 일하시는 것. 이것이 바로 복음의 신비다. 내가 이웃을 사랑하는 작은 실천을 할 때 하나님께서는 나를 위해 더 크게 채워주시는 그 복음의 신비를 경험하는 것이 바로 신앙의 묘미다.

ποιμήν 포이멘

나는 선한 **목자**이다. 선한 **목자**는 양들을 위하여 자기 목숨을 버린다.
_ 요 10:11

포이멘은 '목자'를 말한다. 일차적 의미로는 양들을 돌보는 목자의 의미고, 2차적으로는 지도자, 인도자의 뜻이 있다. 예수님께서는 고대 이스라엘 지중해 문화에서 비유로 말씀하시기를, 자신은 선한 목자로, 우리는 양으로 표현하셨다. 그리고 그 선한 목자는 양들을 위해 자기 목숨을 버리기까지 사랑한다고 말씀하셨다. 마치 양떼를 인도하는 목자처럼, 우리 삶을 이끄시는 선한 목자 예수님께 우리의 삶을 맡기자.

οἶδα 오이다

나는 비천하게 살 줄도 **알고**, 풍족하게 살 줄도 **압니다**. 배부르거나, 굶주리거나, 풍족하거나, 궁핍하거나, 그 어떤 경우에도 적응할 수 있는 비결을 배웠습니다. _ 빌 4:12

오이다는 '알다'라는 뜻의 동사다. 단순히 정보를 새롭게 획득하는 차원도 있지만, 그것을 넘어 "완전히 관계를 통해 충분히 이해하다"라는 의미가 있다. 우리가 예수 그리스도를 안다고 했을 때 그것은 단순히 상식적 차원에서의 앎의 아니라, 관계적 측면에서 예수님을 알고 있다는 것을 의미하는 동사다. 바울은 인생의 말년에 빌립보 교인들에게 쓴 감사와 회상의 편지에서, 자신은 어떠한 경우에도 그리스도 안에서 적응하고 대처하는 비결을 알고 있다고 고백한다. 신앙인이 가질 수 있는 가장 성숙한 단계다. 우리도 이러한 삶의 폿대를 향해 성장의 길을 지속해야 한다.

οἶκος 오이코스

예수께서는 가르치시면서, 그들에게 말씀하셨다. "기록된 바 '내 **집**은 만민이 기도하는 집이라고 불릴 것이다' 하지 않았느냐? 그런데 너희는 그곳을 '강도들의 소굴'로 만들어버렸다." _ 막 11:17

오이코스는 '집'이다. 집은 우리 삶의 가장 근본이 되는 터전이다. **오이코스**라는 단어를 중심으로 경제를 의미하는 economy, 생태학을 의미하는 ecology, 전기독교를 의미하는 ecumenic이 모두 이 헬라어 **오이코스**에서 나왔다. 예수님께서는 성전정화 사건에서 성전을 하나님의 집이라고 묘사하시며 본질은 "기도하는 집"이라고 말씀하셨다. 바로 우리 신앙의 터전도 기도로 출발하는 것임을 알 수 있고, 예루살렘 성전의 의미를 이어온 교회는 바로 하나님께 기도하는 집이라는 것을 명심해야 한다.

ποιέω 포이에오

그 일로 유대 사람들은, 예수께서 안식일에 그러한 **일을 하신다**고 해서, 그를 박해하였다. 그러나 [예수]께서는 그들에게 말씀하셨다. "내 아버지께서 이제까지 **일하고 계시니**, 나도 일한다." _ 요 5:16-17

포이에오는 '일하다, 만들다, 행하다' 등의 뜻을 가진 동사다. 영어에서 Do 동사라고 이해하면 될 것 같다. 유대인들은 예수님께서 안식일에 생명을 살리시는 일을 한 것을 두고 트집잡고 박해했다. 그러나 예수님께서는, 하나님께서 일하시므로 당신도 일하신다는 말로 응대하며 유대인들이 쳐놓은 올무에서 벗어났고, 하나님과 예수님이 하나이심을 간접적으로 알리셨다. 생명을 구하는 일에 하나님께서 일하시고 예수님께서 일하시니, 이제는 우리가 주님과 함께 일할 차례다.

τυφλός 튀플로스

이런 것들이 여러분에게 갖추어지고, 또 넉넉해지면, 여러분은 우리 주 예수 그리스도를 아는 일에 게으르거나 열매를 맺지 못하는 사람이 되지 않을 것입니다. 그러나 이런 것들을 갖추지 못한 사람은 근시안이거나 **앞을 못 보는 사람**입니다. _ 벧후 1:8-9

튀플로스는 '시각장애인'을 말한다. **튀플로스**는 성경에서 두 가지 의미를 가지고 있다. 첫째, 실제로 앞을 보지 못하는 시각장애인을 뜻하며, 예수님께서는 이러한 병자들을 치유하셨다. 대표적인 사람으로 바디매오가 있다. 둘째, 보기는 보아도 깨닫지 못하는 영적인 시각장애자다. 우리가 그리스도 안에서 거듭나지 못하면 이러한 영적인 **튀플로스**가 되고 만다. 우리 자신이 **튀플로스**가 되지 않기 위해서는 주님과 동행하며 하나님의 성품에 열심히 참여하는 사람이 되어야 한다.

περιπατέω 페리파테오

이른 새벽에 예수께서 바다 위로 걸어서 제자들에게로 가셨다. 제자들이, 예수께서 바다 위로 **걸어오시는** 것을 보고, 겁에 질려서 "유령이다!" 하며 두려워서 소리를 질렀다. [예수께서] 곧 그들에게 말씀하셨다. "안심하여라. 나다. 두려워하지 말아라." _ 마 14:25-27

페리파테오는 '걷다'라는 말이다. '~ 둘레에, ~ 주변을'이라는 뜻의 전치사 페리(περί), 그리고 '걷다, 밟다'라는 동사 파테오(πατέω)의 합성어다. 그리하여 **페리파테오**는 공간적 이동의 보폭이 큰 '활보하다'의 의미가 있다. 예수님께서는 기도하시고, 제자들을 먼저 갈릴리 바다 건너편으로 보내셨다. 그후 풍랑에 힘들어하는 제자들을 위해 성큼성큼 바다 위를 걸어가서 그들을 구원하시며 주 되심을 보여주신다. "안심하여라. 나다. 두려워하지 말아라." 이 음성을 오늘도 되새기고 물에 빠진 베드로가 주님을 바라보듯, 우리도 주님을 바라보자.

πέτρα 페트라

나도 너에게 말한다. 너는 **베드로**다. 나는 이 **반석** 위에다가 내 교회를 세우겠다. 죽음의 문들이 그것을 이기지 못할 것이다. _ 마 16:18

페트라는 '반석'이다. 일단, 문자적 의미는 바위, 돌덩이란 의미이고, 건물의 기초인 주춧돌, 디딤돌이라는 뜻도 가능하다. 예수님께서는 어부였던 제자 시몬에게 새로운 이름을 주셨고, 그 이름이 바로 '베드로'다. 베드로는 헬라어로 페트로스(Πέτρος), 즉 '돌의 사람, 반석의 사람'이란 뜻이다. 예수님께서는 시몬을 반석, 즉 베드로라 부르셨고, 그를 교회의 주춧돌로 삼겠다고 말씀하셨다. 하나님의 사람들을 주춧돌로 해서 구성된 교회는 죽음이 이기지 못하는 생명의 장소다.

κλείς 클레이스

내가 너에게 하늘나라의 **열쇠**를 주겠다. 네가 무엇이든지 땅에서 매면 하늘에서도 매일 것이요, 땅에서 풀면 하늘에서도 풀릴 것이다. _ 마 16:19

클레이스는 '열쇠'를 뜻한다. 열쇠는 문을 잠글 수도, 열 수도 있는 기능을 가지고 있다. 예수님께서는 그러한 하늘나라의 열쇠를 우리에게 주셨다. 이 열쇠는 하나님나라와 세상 나라 사이의 가교와 같은 역할을 한다. 이 열쇠로 이땅에서 하나님의 뜻을 행하면, 그것이 하나님나라가 임하게 되는 통로가 된다. 예수 그리스도의 오심으로 우리 가운데 임재해 있는 하나님나라. 그 문을 여는 열쇠를 우리에게 쥐어주신 것이다. 우리는 그 열쇠를 어떻게 사용하고 있는가?

θύρα 뛰라

보아라, 내가 **문** 밖에 서서, 문을 두드리고 있다. 누구든지 내 음성을 듣고 **문**을 열면, 나는 그에게로 들어가서 그와 함께 먹고, 그는 나와 함께 먹을 것이다. _ 계 3:20

뛰라는 '문'이다. 문은 어느 곳을 입장하기 위해 거쳐야 하는 첫 단계다. 예수님께서는 문 밖에 서서, 문을 두드리고 계신다고 말씀하셨다. 이 문은 아마도 우리 마음을 비롯한 존재의 문일 것이고, 예수님의 말씀을 듣고 우리 존재의 문을 열면, 예수님께서는 우리와 함께하고 동행하신다는 것이다. 삶의 동행을 식사하는 것으로 표현한 것은 하나님나라의 잔치에 참여하는 것을 의미한다. 하나님나라는 삶의 잔치이며, 그 안에서 식사하는 것은 중요한 인생의 한 부분이다. 주님과 동행하는 하나님나라의 잔치의 삶. 우리가 할 일은 우리 존재의 문을 하나님께 활짝 열어 드리는 것이다.

게

하늘에 계신 우리 아버지, 그 이름을 거룩하게 하여주시며, 그 나라를 오게 하여주시며, 그 뜻을 하늘에서 이루심같이, **땅**에서도 이루어주십시오. _ 마 6:9-10

게는 '땅'이다. 지표면을 의미하기도 하고, 은유적으로는 삶의 터전을 뜻하기도 한다. 또한 하나님나라와 대비되는 이 세상 나라를 표현할 때 사용되기도 한다. 주께서 가르쳐주신 기도는 하나님의 존재가 거룩하게 드러나기를 기도하면서 하나님나라가 우리가 사는 세상 속의 터전, 땅에서 이루어지길 기도하셨다. 우리는 이 기도를 예배 때마다 읊조리는 형식이 아닌, 온전히 삶의 열매로 드러날 수 있기를 기도해야 한다. 하나님나라가 우리 삶의 터전에서 이루어지기를.

ἰδού 이두

"**보아라**, 동정녀가 잉태하여 아들을 낳을 것이니, 그의 이름을 임마누엘이라고 할 것이다" 하신 말씀을 이루려고 하신 것이다(임마누엘은 번역하면 '하나님이 우리와 함께 계시다'는 뜻이다). _ 마 1:23

이두는 '보라'고 외치는 '보다'의 명령형이다. 예수님 당시의 화법에서 사람들의 주목을 이끌 때 사용되었다. 예수님께서도, 그리고 성경의 저자들도 많이 사용하는 어법이다. 천사는 예수님의 탄생을 두고 우리로 하여금 주목하게 하기 위해 "보아라, 동정녀가 아들을 낳을 것이니"라고 말했다. 마리아를 통해 나온 예수 그리스도는 바로 우리와 늘 함께하시는 하나님의 대표자다. 임마누엘로 오신 예수 그리스도가 오늘도 나와 함께하고 계심을 믿고 나가자.

παρουσία 파루시아

아담 안에서 모든 사람이 죽는 것과같이, 그리스도 안에서 모든 사람이 살아나게 될 것입니다. 그러나 각각 제 차례대로 그렇게 될 것입니다. 첫째는 첫 열매이신 그리스도요, 그 다음은 그리스도께서 **재림**하실 때에, 그리스도께 속한 사람들입니다. _ 고전 15:22-23

파루시아는 '재림'을 뜻한다. '가까이 있다, 현존한다'라는 의미의 동사 파레이미(πάρειμι)에서 파생된 것으로 어느 특정한 시간과 장소에 나타남, 도착함, 돌아옴 등의 의미가 있다. '~와, 함께'의 전치사 파라(παρά), 그리고 존재하다의 에이미(εἰμι) 합성어로, '함께 있다'라는 뜻이다. 이것은 예수님께서 다시 오시겠다는 약속을 뜻하는 것이다. 다시 오실 때 새 하늘과 새 땅이 이루어지면서 그리스도 안에서 잠자는 자들이 일어날 것이고, 우리도 그리스도와 함께 새롭게 부활할 것이다. 이 소망을 가지고 우리는 오늘도 주의 뜻에 따라 살아야 할 것이다.

그라페

목마른 사람은 다 나에게로 와서 마셔라. 나를 믿는 사람은, **성경**이 말한 바와같이, 그의 배에서 생수가 강물처럼 흘러나올 것이다. _ 요 7:37-38

그라페는 '성경'으로 해석이 되었지만, '쓰다'라는 동사 그라포(γράφω)의 명사형으로 '문서'를 뜻한다. 아마도 요한복음에서 말한 '성경'은 구약의 율법서, 예언서, 성문서 등의 문서를 의미하는 것이다. 주님은 우리 인생의 목마른 자들에게 모두 예수님께 나오라고 초청하신다. 예수님을 믿고 예수님과 함께하는 삶은 생명의 물이 내 안에서 흘러넘칠 것이라고 하신다. 생명의 물이 주님과 함께하는 내 안에 있으니, 인생의 목마름은 해결될 것이다.

συνίημι 쉬니에미

세월을 아끼십시오. 때가 악합니다. 그러므로 어리석은 자가 되지 말고, 주님의 뜻이 무엇인지를 **깨달으십시오**. _ 엡 5:16-17

쉬니에미는 '깨닫다'라는 의미다 '~ 함께'라는 전치사 쉰(σύν)이 들어 있는 동사로, '함께 가져오다, 동의에 다다르다, 이해하다, 변화를 이룰 만큼 도전받다' 등의 의미가 있다. 시기가 악할 때는 시간을 아끼면서, 어리석게 살지 말고, 주님의 뜻이 무엇인지 깊이 숙고하며 이해할 필요가 있다. 평화, 정의, 사랑이 작동하지 않는 사회에 살고 있다면 더더욱 우리는 하나님의 뜻을 깨달아 묵상하고 행동해야 한다.

ἐκλογή 엑클로게

하나님의 사랑을 받은 형제자매 여러분, 우리는 하나님께서 여러분을 **택하여주셨음**을 알고 있습니다. _ 살전 1:4

엑클로게는 '택함'이다. 특별한 선택, 뽑힘 등을 뜻한다. '~로부터'를 뜻하는 전치사 엑크(ἐκ)와 '의미하다, 선언하다, 말하다'의 레고(λέγω)의 합성어에서 왔다. 즉 우리를 택하심은 특별히 따로 불러주셨다는 의미를 가지고 있다. 우리는 하나님의 사랑을 받은 자들이다. 하나님께서 우리를 따로 특별히 불러 구분해 세워주셨다는 것이다. 이것을 감사하는 마음으로 받고 하나님께 선택받은 자답게 하나님의 뜻을 행할 수 있도록 주님의 은혜를 구하자.

ὄρος 오로스

그 무렵에 예수께서 기도하려고 **산**으로 떠나가서, 밤을 새우면서 하나님께 기도하셨다. _ 눅 6:12

오로스는 '산'이다. 고대로부터 산은 신들이 사는 신성한 장소로 여겨졌다. 모세가 십계명을 받은 곳도 시내산이었고, 예수님께서도 산에서 자주 기도하셨다. 또 산에서 귀한 하나님의 말씀을 가르치셔서 우리는 그것을 '산상수훈'이라 부르며 받아들이고 있다. 우리나라도 산에서 기도하는 전통이 있고, 많은 기도원들이 산 속에 자리잡고 있기도 하다. 하나님께서 계시지 않은 곳이 없겠지만, 예수님께서는 하나님과 소통하기 위한 장소로 조용하고 한적한 산을 택해 그곳에서 밤을 새우며 하나님께 기도하셨다. 우리도 정기적으로 하나님을 만날 수 있는 기도할 산(장소)이 있으면 좋을 것 같다.

ἐνεργέω 에네르게오

하나님은 여러분 안에서 **활동하셔서**, 여러분으로 하여금 하나님을 기쁘게 해드릴 것을 염원하게 하시고 **실천하게** 하시는 분입니다. _ 빌 2:13

에네르게오는 '활동하다, 실천하다'의 뜻을 갖고 있다. 명사형은 에네르게이아(ἐνέργεια)로, 영어 에너지(energy)가 이 단어에서 왔다. **에네르게오**는 힘을 불러일으켜서 능력 있게, 효과적으로 일하게 한다는 뜻을 가진 동사다. 하나님은 바로 우리 안에서 **에네르게오** 하시는 분이다. 우리로 하여금 하나님을 기쁘게 할 일들을 소망하게 하시고, 그 일들을 도우셔서 우리 안에서 에너지를 불러일으키고 실천하도록 인도하시는 분이다.

δώδεκα 도데카

예수께서 **열두** 제자를 부르셔서, 더러운 귀신을 제어하는 권능을 주시고, 그들이 더러운 귀신을 쫓아내고 온갖 질병과 온갖 허약함을 고치게 하셨다. _ 마 10:1

도데카는 숫자 12이다. 듀오(δύο)가 2, 데카(δέκα)가 10, 그리고 합쳐서 **도데카** '열둘'이다. 십계명을 영어로는 Decalogue라고 말한다. 12는 이스라엘에서 완전수를 의미한다. 그 당시 이방 세계에서 7이 완전수지만, 이스라엘에서는 7과 더불어 12를 완전수로 이해했다. 이스라엘을 구성한 지파들도 열두 지파이고, 성경은 이스라엘을 12란 숫자로 상징했다. 예수님께서도 이스라엘의 완전함을 상징하는 숫자로 열두 제자를 부르셨고, 그들에게 악의 세력을 제어하는 권능과 온갖 질병과 약함을 고칠 수 있는 능력을 부여하셨다. 예수님께서는 이러한 권능과 능력들을 제자인 우리들에게도 부여하길 원하신다.

ἐντὸς ὑμῶν 엔토스 휘몬

하나님의 나라는 눈으로 볼 수 있는 모습으로 오지 않는다. 또 "보아라, 여기에 있다" 또는 "저기에 있다" 하고 말할 수도 없다. 보아라, 하나님의 나라는 **너희 가운데에** 있다. _ 눅 17:20-21

엔토스는 '가운데, 중간에'라는 전치사, **휘몬**은 '너희의'라는 2인칭 복수 소유격, 그리하여 **엔토스 휘몬**은 '너희 가운데'란 의미다. **엔토스**는 영어로 'in the middle of, among'의 뜻이어서, '너희 가운데'라는 말은 개인의 마음 안에 있는 것으로(inside of you) 보기보다는 회중 가운데 존재하는(in the mist of you, among you), 즉 예수 그리스도를 주인으로 모시는 하나님의 백성들이 예수님의 이름으로 모여 있을 때, 하나님나라는 그 가운데 있다는 뜻이다.

μιμητής 미메테스

그러므로 나는 여러분에게 권합니다. 여러분은 나를 **본받는 사람**이 되십시오. _ 고전 4:16

미메테스는 '본받는 자'라는 뜻이다. '본받다, 모방하다, 따라가다' 등의 동사 미메오마이(μιμέομαι)에서 왔다. 바울은 꽤 여러 번 자신을 본받는 사람이 되라고 권고한다. 바울이 본받으라고 한 내용은 무엇일까? 바울은 자신을 본받으라고 할 만큼 자신 있었을까? 바울은 온전히 자신을 내려놓고 자기가 짊어지고 가야 할 십자가를 기꺼이 지며 예수님을 따른 사도다. 그는 어떤 상황에서도 감사할 줄 아는 성숙한 자였고, 복음을 부끄러워하지 않고 담대하게 전하며 겸손히 주님을 따른 자다. 이렇게 자신 있게 나를 본받는 자가 되라고 한 것은 그만큼 하나님 앞에서 확신할 수 있는 삶을 살았기 때문이 아닐까?

δῶρον 도호론

여러분은 믿음을 통하여 은혜로 구원을 얻었습니다. 이것은 여러분에게서 난 것이 아니요, 하나님의 **선물**입니다. _ 엡 2:8

도호론은 '선물'이다. 선물은 주는 사람의 의지에 의해 어떠한 대가를 바라지 않고 받는 사람을 위해 주는 것이다. 우리는 예수 그리스도를 입으로 고백하고 마음으로 받아들이며, 믿음을 통해 하나님의 은혜로 구원받은 사람들이다. 이것은 우리가 노력해서 성취한 것이 아니라 하나님이 우리에게 값없이 베푸신 은혜의 선물이다. 선물을 받은 자가 할 수 있는 가장 큰 감사의 표시는 선물을 주신 분에 대한 감사와 존경으로 그것을 사용하고 누리는 것이다.

φανερόω 파네로호

이제는 우리 구주 그리스도 예수께서 나타나심으로 **환히 드러났습니다**. 그리스도께서는 죽음을 폐하시고, 복음으로 생명과 썩지 않음을 **환히 보이셨습니다**. _ 딤후 1:10

파네로호는 '환히 드러나다, 명백하게 밝혀지다, 알려지다' 등의 뜻이 있다. 우리를 향한 하나님의 구원 계획은 예수 그리스도의 오심에 명백하게 드러났다. 주님은 이땅에 오셔서 사람의 본을 보여주고, 모든 죄를 짊어지고 십자가에서 제물로 돌아가셨다. 그러나 돌아가신 지 삼일 만에 죄의 값인 죽음을 물리치고 다시 살아나셔서, 새 생명을 우리에게 부여하셨다. 예수님께서 보여주신 죽음의 세력을 물리치심과 부활의 새 생명은 하나님의 뜻을 명백하게 보여주는 증거다.

χρεία 크레이아

누구든지 세상 재물을 가지고 있으면서, 자기 형제자매의 **궁핍함**을 보고도, 마음 문을 닫고 도와주지 않으면, 어떻게 하나님의 사랑이 그 사람 속에 머물겠습니까? _ 요일 3:17

크레이아는 '궁핍함, 필요, 부족, 어려움' 등의 의미를 갖고 있다. 이것은 사람으로 살아가는 데 필수불가결한 요소의 부족함을 뜻한다. 나의 필요를 채우고 난 후 재물이 있는데도, 가까운 형제자매들의 궁핍함을 보고도, 도움을 제공하지 않는다면, 그것은 하나님을 사랑하지 않는 행위다. 예수님의 가르침의 핵심인 하나님 사랑과 이웃 사랑은 동전의 양면과도 같아서 하나님을 사랑한다 하면서 이웃 사랑을 외면하는 것은 하나님을 사랑한다고 할 수 없다. 하나님께서는 우리로 하여금 이웃의 필요를 돌보라고 권고하신다.

에코오

무엇이든지 전에 기록한 것은, 우리에게 교훈을 주려고 한 것이며, 성경이 주는 인내와 위로로써, 우리로 하여금 소망을 **가지게** 하려고 한 것입니다. _ 롬 15:4

에코오는 '가지다, 소유하다, 누군가와 친밀한 관계를 갖다, 잡다, 무엇을 행할 수 있는 지위를 가지고 있다, 의견을 갖다, 숙고하다' 등의 여러 뜻을 갖고 있다. 구약에서부터 우리에게 전해져 기록된 것은 결국 우리에게 교훈을 주려는 것이고, 우리에게 인내를 더하고 위로와 격려를 줌으로써 소망을 가지고 하나님을 바라보며 살아갈 수 있게 하는 것이다. 우리에게 소망을 갖는다는 것은 매우 중요하다. 바로 살아갈 이유를 주기 때문이다. 성경을 읽고 묵상하면서 우리 삶의 교훈으로 삼고, 하나님께서 이루실 일들에 대한 소망을 품어보자.

παράκλησις 파라클레시스

그리스도의 고난이 우리에게 넘치는 것과같이, 그리스도로 말미암아 우리의 **위로**도 또한 넘칩니다. _ 고후 1:5

파라클레시스는 믿음 안에서 '위로, 격려, 권고, 요구, 영혼을 고양시킴' 등의 의미가 있다. 보혜사를 '파라클레토스'라고 하며, **파라클레시스**는 보혜사가 하는 일을 대표하는 단어라고 할 수 있다. '~ 옆에서'라는 전치사 파라(παρά), 그리고 부르다라는 동사 칼레오(καλεω)가 합쳐진 '파라칼레오'(παράκλεω) 동사에서 파생된 명사다. 진정한 위로는 옆에서 그의 존재를 불러주며 확인시켜 낙담하지 않도록 도와주는 것이다. 우리의 삶에 고난이 넘친다면, 그리스도께서 주시는 위로는 그 고난을 훨씬 더 뛰어넘는 것으로 우리에게 다가올 것이다.

ἔρχομαι 에르코마이

그러나 그분 곧 진리의 영이 **오시면**, 그가 너희를 모든 진리 가운데로 인도하실 것이다. 그는 자기 마음대로 말씀하지 않으시고, 듣는 것만 알려주실 것이요, 앞으로 **올** 일들을 너희에게 알려주실 것이다. _ 요 16:13

에르코마이는 '오다, 움직이다, 가다, 발생하다' 등의 뜻을 가진 동사다. 맥락에 따라 번역될 수 있는 여러 의미가 있다. 진리의 영이 오시면, 우리를 진리 가운데로 인도하시며, 하나님께서 말씀하시는 것을 전달하고, 앞으로 올 일들도 알려주신다고 한다. 바로 진리의 영이신 성령님께서 우리 삶 가운데 임재하시면, 우리를 인도하시고, 앞으로 발생할 일들에 대해서도 미리 대비할 수 있도록 준비시킨다는 것이다. 진리의 영, 성령님께서 늘 우리 가운데 계시기를 기도하자.

τέκνον 테크논

그러나 그를 맞아들인 사람들, 곧 그 이름을 믿는 사람들에게는, 하나님의 **자녀**가 되는 특권을 주셨다. _ 요 1:12

테크논은 '자녀, 후손', 혈연 관계가 아니어도 가장 가까운 사람, 즉 '후사'를 말한다. **테크논**의 위치는 꼭 나이와 상관없는 '자녀'라고 할 수 있다. 예수 그리스도를 주로 맞아들이고, 그분의 존재를 믿는 사람들에게는 하나님의 자녀가 되는 특권을 주셨다. 그러므로 우리는 하나님의 자녀다. 부모 되신 하나님께서는 우리를 자녀로 삼으시고, 성숙한 하나님의 자녀가 될 수 있도록 때로는 좋은 것을 후하게 주시고, 때로는 우리를 단련시키기 위한 어려움을 주실 수도 있다. 궁극적으로는 모든 것이 협력하여 선을 이루게 하시는 하나님이 바로 우리의 부모가 되신다.

θαρσέω 따르세오

예수께서 돌아서서, 그 여자를 보시고 말씀하셨다. "**기운을 내어라**, 딸아. 네 믿음이 너를 구원하였다." 바로 그때에 그 여자가 나았다. _ 마 9:22

따르세오는 '기운을 내다, 어려운 상황에서 굳건하다, 용기를 갖다' 등의 의미가 있다. 힘든 상황에 처한 우리에게 말씀하시는 예수님의 따뜻한 음성이 바로 '기운을 내라, 용기를 가져라, 굳건하여라'와 같다. 하나님께서는 믿음을 가지고 있는 자녀들을 실망시키지 않으신다. 혈루병을 오랜 기간 동안 앓아온 여인은 예수님의 옷자락이라도 만지면 낫겠다는 믿음을 가지고 예수님께 나아와 그분의 옷자락을 만졌다. 정말 믿음대로 그녀는 고침을 받았고, 예수님께서는 용기를 주시며 그 믿음을 칭찬해주셨다.

ἐπιτιμάω 에피티마오

예수께서는 돌아서서, 제자들을 보시고, 베드로를 **꾸짖어 말씀하셨다**. "사탄아, 내 뒤로 물러가라. 너는 하나님의 일을 생각하지 않고, 사람의 일만 생각하는구나!" _ 막 8:33

에피티마오는 '꾸짖다'이다. '강한 반대를 표현하다, 경고하다, 벌하다' 등의 뜻이 있다. 전치사 에피(ἐπι)는 여러 가지 의미가 있는데, 여기서는 '~ 반대하여'(against)란 의미로 쓰였고, 동사 티마오(τιμάω)는 '존경하다, 인정하다'의 뜻이 있는데, 이를 합친 **에피티마오**는 문자적으로 '존경하지 않는, 존중과 반대되는'이란 뜻이다. 예수님께서는 이를 주로 엑소시즘에서 귀신을 꾸짖으실 때 사용하셨고, 하나님의 뜻에 반대되는 이야기를 하는 베드로 역시 이 동사로 강하게 꾸짖으셨다.

Ἐγώ εἰμι 에고 에이미

예수께서 그에게 말씀하셨다. "**나는** 길이요, 진리요, 생명**이다**. 나를 거치지 않고서는, 아무도 아버지께로 갈 사람이 없다."_ 요 14:6

에고는 '나'를 말하는 일인칭 주어이고, **에이미**는 "~이다"에 해당하는 기본 동사다. **에고 에이미**는 "나는 ~이다"라고 표현할 수 있는 기본 형태다. 출애굽기 3장 14절에 떨기나무에 불이 붙은 형태로 나타난 하나님께, 모세가 하나님의 이름을 물었을 때 하나님께서는 "나는 나다"라고 대답하신다. 이것을 헬라어 형태로 나타내면 **에고 에이미**가 된다. 복음서에는 이 형태로 예수 그리스도를 소개해 '신성'을 간접적으로 나타내고 있다.

φοβέω 포베오

천사가 마리아에게 말하였다. "**두려워하지** 말아라. 마리아야, 그대는 하나님의 은혜를 입었다. 보아라, 그대가 잉태하여 아들을 낳을 터이니, 그의 이름을 예수라고 하여라." _ 눅 1:30-31

포베오의 뜻은 '두려워하다'이다. 그밖에도 '존경하다, 경의를 표하다'라는 의미도 있다. **포베오**는 우리가 하나님을 대할 때 행하는 태도를 의미하기도 한다. 하나님을 두려워하는 것이 지혜의 근본인 것처럼, 하나님을 늘 두려워하는 마음으로 하나님 앞에 살아가야 할 것이다. 마리아는 늘 하나님을 경외하며 살았다. 그 마리아에게 천사는 두려워하지 말라고, 하나님께 큰 은혜를 입은 자로 쓰임을 받을 것이라는 기쁜 소식을 전한다.

메테르

예수께서는 자기 **어머니**와 그 곁에 서 있는 사랑하는 제자를 보시고, **어머니**에게 "**어머니**, 이 사람이 **어머니**의 아들입니다" 하고 말씀하시고, 그 다음에 제자에게는 "자, 이분이 네 **어머니**시다" 하고 말씀하셨다. 그때부터 그 제자는 그를 자기 집으로 모셨다. _ 요 19:26-27

메테르는 '어머니'이고, 파테르(πατήρ)는 아버지다. 하나님은 그 당시 문화에서 의인화되어 '아버지'로 불리지만, 하나님은 어떠한 젠더에 속할 수 없는 분이다. 친밀함을 위해 하나님을 부를 수 있다면, 우리의 아버지와 어머니가 되실 수 있는 분이다. 예수님께서는 십자가에서 자신의 어머니와 사랑하는 제자를 새로운 가족관계로 연결시키신다. 이제는 그리스도 안에서 혈연의 관계를 뛰어넘어 새로운 가족관계가 형성된 것이다. 우리 모두는 그리스도 안에서 형제 자매요, 우리를 돌보시는 하나님은 우리의 부모가 되신다.

πάντοτε 판토테

주님 안에서 **항상** 기뻐하십시오. 다시 말합니다. 기뻐하십시오. _ 빌 4:4

판토테는 '항상, 늘, 언제나' 등의 뜻을 가진 부사다. 성경에서 **판토테**를 많이 강조해 적용하는 말씀은 우리에게 기뻐하라는 것, 기도하라는 것, 감사하라는 것이다. 빌립보서는 바울의 인생 끝자락에 감옥에서 자신의 삶을 회상하며 쓴 옥중편지 중 하나다. 그는 빌립보서에서 '기쁨'을 강조하며 어떠한 일이 있든지 항상 기뻐하라고 말한다. 주 안에 있을 때 우리는 기뻐할 수 있다. 바울처럼 어떠한 상황에 처하든 감사하며 대처하고 자족할 수 있는 성숙한 단계로 나가기 위한 훈련은 주님 안에서 항상 기뻐하는 것에 있다.

ἁλιεύς 할리유스

예수께서 그들에게 말씀하셨다. "나를 따라오너라. 내가 너희를 사람을 낚는 **어부**가 되게 하겠다." _ 막 1:17

할리유스는 '어부'를 말한다. 고대 이스라엘 사회에서 어부는 중하류층의 직업이라 할 수 있고, 예수님의 열두 제자 가운데 시몬, 안드레, 야고보, 요한 등 4명이 어부다. 예수님께서는 이들을 제자 삼기 위해 직접 찾아가셨고, 그들의 직업과 관련해 충분히 이해할 수 있는 어휘로 이들에게 제자가 되는 초청을 말씀하셨다. 이 어부들은 지금까지 물고기를 그물로 낚는 일로 살아왔지만, 이제부터는 세상의 바다에서 복음의 그물로 사람을 구원하는 일에 쓰임받는 제자가 되었다.

πλοῖον 플로이온

어느 날 예수께서 제자들과 함께 **배**에 오르셔서, 그들에게 말씀하셨다. "호수 저쪽으로 건너가자." 그들이 출발하여 **배**를 저어가고 있을 때에 예수께서는 잠이 드셨다. 그런데 사나운 바람이 호수로 내리 불어서, **배**에 물이 차고, 그들은 위태롭게 되었다. _ 눅 8:22-23

플로이온은 '배'다. 이 배는 예수님께서 사역하실 때 사용하셨던 귀중한 도구다. 먼저 예수님께서는 갈릴리 바다 근처에서 배를 띄워 육지로부터 조금 떨어진 채로 사람들에게 설교하셨다. 듣는 청중들이 잘 들을 수 있도록 배려하신 것이다. 또한 이 배를 타고 갈릴리 바다를 종횡무진하며 유대 지역과 이방 지역에서 구원의 사역들을 펼쳐가셨다. 한편 제자들은 배에서 예수님을 제대로 알아보기도 한다. 풍랑을 만날 때 예수님께서는 그것을 잠잠케 하셨고, 배 안에 있는 제자들을 향해 물 위를 걸어오셔서 하나님의 아들이자 구원자이신 것을 친히 보여주셨다.

σκοτία 스코티아

우리가 하나님과 사귀고 있다고 말하면서, 그대로 **어둠** 속에서 살아가면, 우리는 거짓말을 하는 것이요, 진리를 행하지 않는 것입니다. _ 요일 1:6

스코티아는 '어둠'이다. 물리적으로 빛이 없는 상태를 뜻하지만, 신학적으로 마음이나 영혼이 어두운 상태를 의미하기도 한다. 하나님은 빛이시기 때문에 어둠과 공존하시지 못한다. 자연스럽게 빛이 어둠을 물리치는 것이다. 그러므로 우리가 하나님과 사귐이 있다는 것은 이미 우리 안에 어둠이 물러간 상태를 말한다. 그러나 빛의 하나님과 동행한다고 말하면서 어둠의 삶을 살아간다면, 그것은 성립 불가능한 거짓말이 된다. 즉 진리를 거스르고 있는 것이다.

할라스

너희는 세상의 **소금**이다. **소금**이 짠맛을 잃으면, 무엇으로 그 짠맛을 되찾게 하겠느냐? 짠맛을 잃은 소금은 아무데도 쓸 데가 없으므로, 바깥에 내버려서 사람들이 짓밟을 뿐이다. _ 마 5:13

할라스는 '소금'이다. 음식에 맛을 내는 조미료를 **할라스**라고 불렀다. 고대시대부터 소금은 인간의 삶에 중요한 역할을 했다. 음식을 썩지 않게 보관하는 역할, 맛을 내는 역할, 그리고 언약을 할 때, 신의를 지키는 의미로 소금을 사용했다. 예수님께서는 우리가 세상의 소금이라고 말씀하셨다. 그러므로 악의 세상에서 변하지 않게 보존하는 역할, 예수님의 맛을 내는 삶, 그리고 하나님 앞에서 영원히 우리의 믿음을 지키는 언약을 잘 감당해야 한다.

ἀδελφός ἀδελφὴ

아델포스 아델페

나의 **형제자매** 여러분, 여러분은 영광의 우리 주 예수 그리스도를 믿고 있으니, 사람을 차별하여 대하지 마십시오. _ 약 2:1

아델포스는 '형제', **아델페**는 '자매'다. 예수님께서는 우리를 모두 하나님 안에서 형제, 자매로 구성된 새로운 가족으로 만드셨다. 혈연 관계를 넘어서 그리스도 안에서 우리는 모두 형제, 자매이고 우리의 부모는 오직 하나님 한 분이다. 즉 하나님 앞에서 모든 사람은 존귀하고 평등한 형제자매다. 그러므로 우리는 사람을 어떠한 이유로도 차별하거나 배제할 수 없다. 그것은 하나님의 뜻을 거스르는 일이기 때문이다.

ἐλάχιστος 엘라키스토스

임금이 그들에게 말하기를 "내가 진정으로 너희에게 말한다. 너희가 여기 내 형제자매 가운데, **지극히 보잘 것 없는** 사람 하나에게 한 것이 곧 내게 한 것이다" 할 것이다. _ 마 25:40

엘라키스토스는 '보잘 것 없는 사람, 가장 작은 사람, 빈곤한 자, 하찮은 자' 등의 의미를 가지고 있다. 우리를 모두 형제요, 자매라고 불러주신 예수님께서는 가장 비천한 한 사람에 한 것이 곧 주님께 한 것이라고 말씀하신다. 예수님께서 이땅에 오실 때, 낮은 자의 모습으로 오신 것처럼, 가장 보잘 것 없는 사람과 자신을 동일시하면서 그들이 존중받아야 한다는 것을 강조하신 것이다. 그러므로 내 주변의 가장 낮다고 생각되는 사람을 섬기는 일은 바로 예수님을 섬기게 되는 것이다.

σχίζω 스키조

예수께서 물 속에서 막 올라오시는데, 하늘이 **갈라지고**, 성령이 비둘기 같이 자기에게 내려오는 것을 보셨다. _ 막 1:10

스키조는 '갈라지다'라는 뜻이다. '찢어지다, 쪼개지다' 등의 의미가 문자적으로는 더 가깝다. 예수님께서 세례를 받으시고 물에서 올라오실 때, 하늘이 찢어졌고 성령이 예수님 위에 임재하셨다. **스키조**는 예수님께서 십자가에서 돌아가실 때, 성전의 휘장이 위에서 아래로 찢어질 때도 사용되었다. 하늘이 찢어진다, 또는 휘장이 찢어졌다는 표현은 신적 현현을 나타낸다고 할 수 있다. 영어에서도 정신분열을 나타낼 때 '찢어지다'의 동사 **스키조**에서 영향을 받아 조현병을 스키조프레니아(schizophrenia)라고 한다.

ἀμνός 암노스

다음 날 요한은 예수께서 자기에게 오시는 것을 보고 말하였다. "보시오, 세상 죄를 지고 가는 하나님의 **어린 양**입니다." _ 요 1:29

암노스는 '어린 양'이다. 어린 양은 구약의 제사에서 속죄제 때 사용된 희생제물이다. 제사장이 손을 얹어 희생제물에게 인간의 모든 죄를 전가시키고 피를 흘리게 하여 하나님께 바치고, 인간은 그 희생제물로 인해 죄 사함을 받았다. 그 어린 양의 역할을 예수님께서 하신 것이다. 세례 요한은 예수님을 보고, 그분이 바로 세상 죄를 짊어지고 갈 희생양의 역할을 하실 분임을 단번에 알아보았다. 예수님께서 십자가에 달리심으로 우리는 우리의 모든 죄를 그분에게 이양했다. 하나님께서는 예수님을 모든 사람의 대표로 죄값을 받게 하셔서, 이제는 우리가 하나님께로부터 용서를 받게 되었다.

λογίζομαι 로기조마이

마지막으로, 형제자매 여러분, 무엇이든지 참된 것과, 무엇이든지 경건한 것과, 무엇이든지 옳은 것과, 무엇이든 순결한 것과, 무엇이든 사랑스러운 것과, 무엇이든 명예로운 것과 또 덕이 되고 칭찬할 만한 것이면, 이 모든 것을 **생각하십시오**. _ 빌 4:8

로기조마이는 '생각하다'라는 뜻이다. '숙고하다, 깊이 생각하여 고려하다, 증거로 인하여 믿다' 등의 뜻을 가지고 있는 **로기조마이**는 그냥 생각하는 것이 아니라, 어떠한 이유가 있어서, 근거로 인해 숙고하는 것을 의미한다. 바울은 마지막 종말의 시기에, 무엇이 참되고 경건한지, 무엇이 옳고 순결한지, 무엇이 사랑스럽고 명예로운 것인지, 덕스럽고 칭찬할 만한 것을 이유를 가지고 깊이 생각하라고 권고한다. 우리가 생각하고 행동하는 이유 있는 그리스도인이 되길 바란 것이다.

ἔργον 에르곤

이와같이 믿음에 **행함**이 따르지 않으면, 그 자체만으로는 죽은 것입니다. _ 약 2:17

에르곤은 '행함'이다. 어떤 종류의 일을 완성하거나 이행해야 하는 의무, 일, 결과 등을 의미한다. 전통적으로 구원의 문제와 관련해 믿음과 행함을 구분하는 경향이 있었으나, 야고보서는 믿음과 행함이 다른 것이 아니라고 역설한다. 즉 행위가 없는 입술만의 믿음은 진정한 믿음이 아니며, 믿음은 행위로 증명된다. 믿음과 행함은 동전의 양면과도 같은 것으로, 믿음이 없는 행함은 자기의 의를 드러내기 위함일 수 있고, 행함 없는 믿음은 자기 자신을 쉽게 속일 수 있는 달콤한 독일 수 있다.

ἰσχύς 이스퀴스

네 마음을 다하고, 네 목숨을 다하고, 네 뜻을 다하고, 네 **힘**을 다하여, 너의 하나님이신 주님을 사랑하여라. _ 막 12:30

이스퀴스는 '힘'을 말한다. 효과적으로 기능할 수 있는 파워, 능력을 뜻한다. '힘을 발휘하다, 능력 있게 행하다'의 동사 이스퀴오(ἰσχύω)의 명사형이다. 인간을 향한 하나님의 뜻은 우리의 마음과 목숨과 뜻과 힘을 다하여 우리 하나님이신 주님을 사랑하는 것, 그리고 이웃을 내 몸처럼 사랑하라는 말씀으로 요약된다. 우리의 마음, 목숨, 뜻, 힘을 다해 하나님을 사랑할 수 있는 것이 무엇인지 숙고해보자. 특별히 우리가 하나님의 뜻에 맞는 **이스퀴스**(힘)를 발휘할 수 있는 영역은 무엇일까?

ὁ πλησίον 호 플레시온

둘째는 이것이다. "네 **이웃**을 네 몸같이 사랑하여라." 이 계명보다 더 큰 계명은 없다. _ 막 12:31

플레시온은 '가까이'라는 뜻의 부사다. 거기에 정관사 호(ὁ)를 붙여서 **호 플레시온**은 '이웃'이 된다. 문자적으로 이웃은 '가깝게 있는 자'다. 그러나 거리적 위치를 뛰어넘어, 이웃은 선한 사마리아인의 비유에서 보는 것처럼, 도움이 필요한 자에게 도움을 제공할 수 있는 사람이다. 현대 사회에서 이웃이란 거리적으로 가까이 있는 위치보다, 마음으로, 행동으로 가까이 있는 사람이다. 예수님께서는 이웃을 내 몸처럼 사랑하는 것이 큰 계명이라고 말씀하신다.

χαρὰ 카라

하나님의 나라는 먹는 일과 마시는 일이 아니라, 성령 안에서 누리는 의와 평화와 **기쁨**입니다. _ 롬 14:17

카라는 '기쁨'이다. 즐거움과 행복의 경험을 뜻한다. 하나님나라는 먹고 마시는 일에 집중할 수 없다. 물론 예수님께서도 당신이 사랑하는 사람들과 함께 먹고 마시고 즐기는 일을 하셨다. 그러나 먹고 마시는 일 그 자체보다는, 먹고 마시는 자리 가운데 성령님이 임하고 함께 모인 사람들이 누릴 수 있는 의로움과 평화, 기쁨이 하나님나라의 핵심이다. 사람이 먹고 마시는 일을 등한시하며 살 수는 없다. 그것 역시 하나님께서 인간에게 허락하신 기쁨이다. 그러나 먹고 마시는 일 때문에 성령 안에서 누리는 의, 평화, 기쁨이 경험되지 않는다면 그것은 하나님의 뜻이 아니다.

καταλύω 카타뤼오

우리가 이 사람이 말하는 것을 들었는데 "내가 사람의 손으로 지은 이 성전을 **허물고**, 손으로 짓지 않은 다른 성전을 사흘 만에 세우겠다" 하였습니다. _ 막 14:58

카타뤼오는 '허물다'를 말한다. '밑으로'라는 뜻의 전치사 카타(κατά)와 '파괴하다, 풀다'의 동사 뤼오(λύω)가 만나, **카타뤼오**는 '밑으로 완전히 붕괴시키다'라는 의미다. 예수님께서는 성전을 만민이 기도하는 집이며 하나님께서 거하시는 곳이라 말씀하셨다. 그 본질은 사라지고 제사는 형식적으로, 나아가 상업 행위로 전락했고, 성전의 제도 자체가 타락했음을 직시하신 것이다. 그리하여 이 성전을 허물라고, 그리고 예수님께서 친히 십자가에 달리고 사흘 만에 부활하심으로써 새로운 성전이 되겠다고 말씀하셨다. 이제는 사람을 통해 세워진 것이 아닌, 예수님을 통해 하나님을 만나며 우리 자신이 하나님께서 머무시는 성전이 되는 것이다.

πληρόω 플레로오

내가 율법이나 예언자들의 말을 폐하러 온 줄로 생각하지 말아라. 폐하러 온 것이 아니라, **완성하러** 왔다. _ 마 5:17

플레로오는 '완성하다, 가득 채우다, 완수하다, 끝내다' 등의 의미가 있다. 또 **플레로오**는 처음부터 시작된 것을 완성한다는 연속성의 의미를 가지고 있다. 그러므로 율법이나 예언자들의 말씀들과 예수님의 말씀들, 또는 율법과 복음, 구약과 신약 등이 서로 불연속적인 관계가 아니라 연속적인 관계이며, 예수님으로 인해 두 관계가 모두 연속적인 과제의 완성이라 이해하는 것이 올바르다. 예수님의 오심은 율법이나 예언서에서 말씀하신 것들의 완성이다. 즉 약속과 성취의 개념으로 이해하면 된다.

ὑποκριτής 휘포크리테스

그러므로 네가 자선을 베풀 때에는, **위선자**들이 사람들에게 칭찬을 받으려고 회당과 거리에서 그렇게 하듯이, 네 앞에 나팔을 불지 말아라. 내가 진정으로 너희에게 말한다. 그들은 자기네 상을 이미 다 받았다.
_ 마 6:2

휘포크리테스 '위선자'다. 원래는 무대에서 연극하는 배우들을 일컫는 말이었다. '~ 하는 척하다, 믿게 하다, 시치미떼다, 본심을 속이다' 등의 동사 휘포크리노마이(ὑποκρίνομαι)에서 온 명사형이다. 신약성경에서는 대부분 부정적인 의미로 겉과 속이 다른 사람들, 겉으로 보여주는 것에만 신경 쓰는 위선자들을 지칭하는 단어로, 대부분 유대 지도자들을 향해 비판적으로 사용되었다. 영어의 hypocrite가 이 단어에서 왔다.

προστίθημι 프로스티떼미

너희는 먼저 하나님의 나라와 의를 구하여라. 그리하면 이 모든 것을 너희에게 **더하여주실 것이다**. _ 마 6:33

프로스티떼미는 '더하여주신다'라는 뜻이다. '~ 향하여, ~ 동행하며, ~ 앞에서, 덧붙여' 등의 전치사 프로스(πρός), 그리고 '놓다'라는 동사 티떼미(τίθημί)의 합성으로 나온 말이다. 문자적인 의미는 '동행하며 앞에 놓는다'라는 뜻으로 하나님나라와 그 의를 구하면서 살아가면 하나님께서 우리와 동행하며 우리 앞에 필요한 것들을 덧붙여서 앞에 놓아주신다는 것이다. 우리의 기도와 삶이 하나님나라와 그 의를 위한 것인지 다시 한 번 점검하고, 우리 앞에서 우리의 필요를 놓아주며 동행하시는 하나님께 감사하자.

ἀρκέω 아르케오

돈을 사랑함이 없이 살아야 하고, 지금 가지고 있는 것으로 **만족해야 합니다.** 주님께서 친히 말씀하시기를 "내가 결코 너를 떠나지도 않고, 버리지도 않겠다" 하셨습니다. _ 히 13:5

아르케오는 '만족하다'라는 뜻이다. '충분하다, 적절하다'의 뜻도 있다. 돈을 사랑함이 일만 악의 뿌리이므로(딤전 6:10) 그것에 걸려 넘어지지 않도록 조심해야 하고, 지금 우리가 가지고 있는 것으로 만족하며 살아야 할 것이다. 주님은 우리의 모든 필요를 잘 아시며, 우리 곁을 떠나지도 버리지도 않겠다고 약속하셨다. 네 은혜가 족하다고 말씀하시는 주님 앞에 오히려 감사하며 만족하는 법을 배우는 것이 성숙한 신앙의 길이다.

βοηθός 보에또스

그래서 우리는 담대하게 이렇게 말합니다. "주님께서는 나를 **도우시는 분**이시니, 내게는 두려움이 없다. 누가 감히 내게 손댈 수 있으랴?"
_ 히 13:6

보에또스는 '돕는 자, 필요를 제공하는 자'라는 의미다. '돕다'의 동사 보에떼오(βοηθέω)에서 왔고, 보에떼오는 '도움을 위해 뛰다, 도움을 위해 외치다'의 뜻이 있다. 주님은 우리의 필요를 알고 제공하시는 분, 우리를 도와주시는 분이다. 그것도 돕기 위해 빨리 뛰어오실 정도로 우리 편이신 분이 예수님이다. 그분이 나의 곁에 계시니 두려워할 필요가 없고, 누구도 나에게 손댈 수 없다. 담대하게 나를 도우시는 하나님을 바라보며 살아가자.

θεόπνευστος 떼오프뉴스토스

모든 성경은 **하나님의 영감으로 된** 것으로서 교훈과 책망과 바르게 함과 의로 교육하기에 유익합니다. _ 딤후 3:16

떼오프뉴스토스는 '하나님의 영감이 깃들어진'이란 뜻이다. 신약성경에서 이곳에 한 번 쓰였는데, 하나님을 뜻하는 떼오스(θεός)와 영의 프뉴마(πνεῦμα)가 합쳐진 형용사다. '하나님의 영으로 된, 영의 바람, 힘이 스며들어갔다'는 뜻으로, 즉 우리가 읽는 성경은 하나님께서 주신 것이란 의미다. 우리는 성경을 읽음으로, 교훈을 배우고 꾸짖음도 들으며 의로 우리를 유익하게 만든다. 성경은 하나님의 영의 도구다.

χρόνος 크로노스

예수께서 그들에게 말씀하셨다. "**때**나 시기는 아버지께서 아버지의 권한으로 정하신 것이니, 너희가 알 바가 아니다." _ 행 1:7

크로노스는 '때'라는 뜻이다. 헬라 문화의 시간은 카이로스(καιρός)와 **크로노스**로 나뉜다. 카이로스는 흐르는 물리적 시간과 상관없는 하나님의 절대주권 하에 하나님의 뜻이 반영되는 시간을 '카이로스'라고 하고, **크로노스**는 흐르는 물리적인 시간을 의미한다. 다시 오실 예수님께서 언제 오시는가에 관한 때(**크로노스**)와 시기(카이로스)의 권한은 하나님께 속해 있으므로 우리가 알려고 할 필요는 없다. 우리에게 맡겨진 사명을 감당하며 하나님께서 이루실 일들을 기대하면 될 것이다.

호라

그러므로 너희도 준비하고 있어라. 너희가 생각하지도 않는 **시각**에 인자가 올 것이기 때문이다. _ 마 24:44

호라는 '시각'이다. 정해지지 않은 어떠한 시간을 뜻할 때, 또한 '몇 시' 하는 시간을 구분할 때, 어느 특정한 기간의 경우를 의미할 때도 **호라**를 사용한다. 예수님께서는 언제 다시 오실지에 관한 때와 시기는 하나님께 속해 있는 권한이지만, 우리에게 넋놓고 그냥 기다릴 것이 아니라 준비하고 깨어 있으라고 말씀하셨다. 왜냐하면 우리가 생각하지도 않는 그 시각에 오실 수 있기 때문이다. 종말의 시간을 살고 있는 우리에게 필요한 태도는 언제나 준비하고 영적으로 깨어 있는 것이다.

ἑτοιμάζω 헤토이마조

내가 가서 너희가 있을 곳을 **마련하면**, 다시 와서 너희를 나에게로 데려다가, 내가 있는 곳에 너희도 함께 있게 하겠다. _ 요 14:3

헤토이마조는 '마련하다'라는 의미다. '어떤 것을 쉽게 사용할 수 있도록 미리 예비하다, 준비하다'의 뜻이다. 예수님께서는 하늘에서 내려오셔서 다시 하늘로 올라가시는 분으로 그려진다. 주님은 이땅에 계실 동안 헤어짐에 슬퍼할 제자들에게 먼저 하늘나라에 가셔서 머물 장소를 먼저 마련하신 다음에 다시 와서 제자들을 데려가겠다고 위로하신다. 이제 예수님께서는 우리가 머물 장소도 마련하셨고, 우리는 영원히 주님과 함께할 그 시기와 장소를 고대하며, 우리에게 주어진 삶의 선물을 누리고, 사명을 감당해야 할 것이다.

ἀνάλημψις 아나렘프시스

예수께서 하늘에 **올라가실** 날이 다 되었다. 그래서 예수께서는 예루살렘에 가시기로 마음을 굳히시고 _ 눅 9:51

아나렘프시스는 '올라감', 즉 '승천'을 의미한다. '~ 위로'의 전치사 아나(ἀνά)와 '받아들이다, 취하다'의 동사 람바노(λαμβάνω)의 미래형 렘프소마이(λήμψομαι)가 합쳐진 '위로 받아들일 것이다, 위로 가다, 위를 취할 것이다'의 뜻이 담긴 명사 형태다. 예수님께서는 하늘로 가실 때를 알고 계셨다. 그리고 본인의 지상사역이 예루살렘으로 가서 십자가에 달려 돌아가시는 것에 있음도 예견하셨다. 그럼에도 불구하고 예수님께서는 자신의 사역 완성을 위해 위험한 장소인 예루살렘으로 가기로 마음 굳히셨다.

νικάω 니카오

악에게 지지 말고, 선으로 악을 **이기십시오**. _ 롬 12:21

니카오는 '이기다, 승리하다'라는 의미다. '어떠한 난관에도 불구하고 이겨내다, 극복하다'의 의미가 있다. 하나님께서는 우리가 악에 굴복하지 않고, 선으로 악을 바꾸어내기를, 악으로부터 승리하기를 원하신다. 이것은 예수님의 십자가와 부활사건이 우리에게 가장 큰 모범으로 보여주신 바다. 예수님께서는 죄의 결과인 죽음을 받으셨지만, 다시 살아나심으로 악의 권세를 물리치고 선이 악을 이긴다는 것을 친히 보여주셨다. 우리 일상에서 벌어지는 모든 죄의 모양들, 그것을 선의 영향력으로 바꾸어낼 수 있도록 하나님께 성령의 능력을 구하자.

καταλλάσσω 카탈라쏘

우리가 하나님의 원수일 때에도 하나님의 아들의 죽으심으로 말미암아 하나님과 **화해하게** 되었다면, **화해한** 우리가 하나님의 생명으로 구원을 얻으리라는 것은 더욱더 확실한 일입니다. _ 롬 5:10

카탈라쏘는 '화해하다'라는 뜻이다. 원수이거나 적이었던 관계를 변화시켜 다시금 좋은 관계로 돌리는 것을 **카탈라쏘**라고 한다. 아담 이후 죄의 자손으로 살아가던 우리는 자연스럽게 하나님과 원수의 관계로 태어나 죄의 세력에서 살아가야 했다. 그러나 하나님의 아들이신 예수 그리스도께서 우리 죄의 값인 죽음을 대신 짊어지셔서, 우리는 다시금 하나님과 좋은 관계로 화해할 수 있게 되었다. 하나님과 화해를 이룬 우리들은 생명을 얻게 되었고, 그 생명은 우리를 구원으로 인도하는 길이다.

ἀνοίγω 아노이고

내가 너희에게 말한다. 구하여라, 그리하면 너희에게 주실 것이다. 찾아라, 그리하면 찾을 것이다. 문을 두드려라, 그리하면 너희에게 **열어 주실 것이다**. _ 눅 11:9

아노이고는 '열다'라는 뜻이다. 무엇인가 닫힌 상태에서 옮기는 것, 쉽게 접근할 수 있게 만드는 것, 어떤 내용을 밝히는 것, 장애를 제거하는 것 등의 의미가 있다. '문'으로 상징되는 것은 어떠한 장애나 걸림돌을 뜻하는데, 그것을 우리가 두드리면 하나님께서 그 방해가 되는 문을 활짝 열어주신다는 뜻이다. 우리가 기도할 때 하나님께서 응답해주신다는 믿음과 함께 삶의 걸림돌과 장애들에 대해 두드리고 옮기고자 할 때, 하나님께서는 능히 우리를 도우시고 그것들을 옮겨주신다.

ὁμολογέω 호모로게오

누구든지 사람들 앞에서 나를 **시인하면**, 나도 하늘에 계신 내 아버지 앞에서 그 사람을 **시인할** 것이다. _ 마 10:32

호모로게오는 '시인하다'라는 뜻이다. '누군가에 대하여 확신하다, 약속하다, 동의하다, 상식을 공유하다, 인정하다, 고백하다, 공언하다' 등의 의미가 있다. 우리가 누군가를 인정하고 시인한다는 것은 온전한 이유가 있어서다. 예수님에 대한 시인은 우리의 경험과 깨달음으로부터 나오는 것이다. 우리가 사람들 앞에서 예수님을 인정하고 주님으로 고백하면, 하나님께서도 우리를 인정하신다고 약속하셨다. 예수님과 우리의 관계도 상호적이다. 예수님을 고백할 때 하나님께서는 우리를 알아주실 것이다.

μισθός 미스또스

내가 진정으로 너희에게 말한다. 너희가 그리스도의 사람이라고 해서 너희에게 물 한 잔이라도 주는 사람은, 절대로 자기가 받을 **상**을 잃지 않을 것이다. _ 막 9:41

미스또스는 '보상, 급료, 인정' 등을 의미한다. 구원 이후 보상에 대한 신학적 논의는 확정되지 않았다. 즉 천국에 갔을 때 보상과 관련된 차등급이 있느냐 없느냐의 문제는 하나님께 속한 주권의 문제다. 그러나 예수님께서는 그리스도의 사람에 대하여 물 한 잔이라도 대접하며 섬기는 사람은 절대로 상을 잃지 않는다고, 즉 그에 대한 보답을 받는다고 말씀하셨다. 물론 우리가 보답을 받기 위해 누군가를 돕는다는 것은 본래 취지에서 벗어난 일이지만, 주께서 돌보기 원하시는 자들을 우리가 돕는다면, 하나님께서 우리에게 상을 주신다는 격려로 받아들이면 좋겠다.

πρόσωπον 프로소폰

너희는 이 작은 사람들 가운데서 한 사람이라도 업신여기지 않도록 조심하여라. 내가 너희에게 말한다. 하늘에서 그들의 천사들이 하늘에 계신 내 아버지의 **얼굴**을 늘 보고 있다. _ 마 18:10

프로소폰은 '얼굴'이다. 그밖에 '앞면, 안색, 표정, 인격' 등의 의미가 있다. 여기서 하나님의 얼굴은 은유적 표현으로, 하나님의 존재 자체를 뜻한다. 우리는 누구도 업신여겨서는 안 된다. 왜냐하면 이 세상의 가장 작은 사람일지라도 그 사람을 돌보는 천사가 있고, 그 천사들이 하나님의 존재를 늘 보면서 하나님께 말하고 있기 때문이다. 그러므로 하나님의 형상이 담겨져 있는 모든 사람은 그 존재 자체만으로도 존중받아야 한다. 업신여김을 받거나 차별당해서는 안 된다.

μικρός 미크로스

이와같이, 이 **작은** 사람들 가운데서 하나라도 망하는 것은, 하늘에 계신 너희 아버지의 뜻이 아니다. _ 마 18:14

미크로스는 '작은'이란 뜻의 형용사다. 영어의 micro가 이 단어에서 왔다. '큰'이란 의미를 가진 헬라어 형용사는 매크로스(μακρός)이고, 영어로는 macro다. 예수님께서는 이 세상에서 작다고 여겨지는 사람들 즉 정치, 사회, 경제, 문화, 종교적으로 아웃사이더들이라 할 수 있는 이 세상의 약한 사람들을 자신과 동일시하셨다. 그리고 하나님께서 구원하고자 하는 최우선 대상으로 보셨다. 이 세상의 작은 사람들 가운데 한 사람이라도 망하게 되는 것은 하나님의 뜻이 아니라고 명백하게 밝히신다.

μέσος 메소스

두세 사람이 내 이름으로 모여 있는 자리, 거기에 내가 그들 **가운데** 있다.
_ 마 18:20

메소스는 '가운데, 중간의, 사이에'라는 의미의 형용사다. 영어로는 in the middle of, among, between의 기능을 한다. "하나님께서 우리와 함께하신다"는 임마누엘의 이름을 가진 예수님. 예수님께서는 두세 사람이 주님의 이름으로 모여 있다면, 그 가운데 우리와 함께하고 있다고 말씀하신다. 이제, 눈으로 직접 보고 만져서 느낄 수 있는 예수님은 아니지만, 주님의 이름을 부르는 사람들이 모이는 그 공간에 바로 함께하고 계심을 믿음의 안테나로 알 수 있다.

εὑρίσκω 휴리스코

한 마리를 잃으면, 아흔아홉 마리를 들에 두고, 그 잃은 양을 찾을 때까지 찾아다니지 않겠느냐? 찾으면, 기뻐하며 자기 어깨에 메고 집으로 돌아와서, 벗과 이웃 사람을 불러모으고, "나와 함께 기뻐해주십시오. 잃었던 내 양을 **찾았습니다**" 하고 말할 것이다. _ 눅 15:4-6

휴리스코는 '찾다, 발견하다'의 뜻을 갖고 있다. 목적을 가지고 노력해 발견하고 찾는다는 의미가 있고, '관찰이나 지적인 연구를 통해 해결하다' 또는 '조사하다'라는 뜻도 있다. 백 마리의 양 중에서 한 마리를 잃으면, 아흔아홉 마리를 두고서라도 잃어버린 한 마리를 찾기 위해 노력하고 수고하는 사랑을 보여주는 목자가 진정한 목자다. 그 목자는 따뜻한 하나님의 사랑과 관심을 반영하고 있다. 한 사람이라도 잃어버리지 않도록 이끄는 목자이신 하나님의 사랑을 다시 한 번 묵상해보자.

μαμωνᾶς 맘몬나스

한 종이 두 주인을 섬기지 못한다. 그가 한 쪽을 미워하고 다른 쪽을 사랑하거나, 한 쪽을 떠받들고 다른 쪽을 업신여길 것이다. 너희는 하나님과 **재물**을 함께 섬길 수 없다. _ 눅 16:13

맘몬나스는 '재물'을 대표한다. 아람어의 맘모나(ממונא)를 헬라어로 옮기면 **맘몬나스**가 된다. 부, 재산, 재물의 뜻이며 지상의 물질적인 것, 하나님과 반대되는 것들을 통틀어 의미하기도 한다. 우상을 뜻할 때 '맘몬'을 사용하기도 하며 영어로는 mammon이다. 예수님은 사람의 마음을 가장 잘 아는 분이라, 우리가 하나님과 재물을 함께 섬길 수 없다고 말씀하셨다. 하나님께서 재물을 주실 때는 우리가 재물의 유혹에 넘어가지 않고 하나님나라를 위해 잘 쓸 수 있을 때다.

φωνή 포네

세 시에 예수께서 큰 **소리**로 부르짖으셨다. "엘로이 엘로이 레마 사박다니?" 그것은 번역하면 "나의 하나님, 나의 하나님, 어찌하여 나를 버리셨습니까?" 하는 뜻이다. _ 막 15:34

포네는 '소리'다. '부르다, 외치다, 소리치다'의 동사 포네오(φωνέω)의 명사형이다. 예수님께서는 귀신을 좇아내는 엑소시즘에서도 큰 소리로 꾸짖으셨고, 십자가에 달리셨을 때도 절망의 외침을 쏟아내셨다. "나의 하나님, 나의 하나님, 어찌하여 나를 버리셨습니까?"라는 외침은 예수님께서 십자가에 달려 계실 때 완전히 버려짐을 느끼셨으며, 인간의 죄값을 톡톡히 치르고 계시는 상태를 뜻한다. 비록 하나님께서 그 순간에 침묵하셨을지라도, 그 침묵은 버려짐이 아니라 진행되고 있는 하나님의 뜻이다. 결국 예수님께서는 큰 소리를 외치고 운명하신다. 그러나 우리는 예수님의 운명도 하나님의 뜻이었음을 알고 있다. 예수님과 같은 절규를 하고 싶을 때, 하나님께서 침묵하고 계시는 것 같을 때, 기억할 것은 우리의 생각과는 다른 하나님의 구원 계획이 있다는 것이다.

κράζω 크라조

예수께서 다시 큰 소리로 **외치시고,** 숨을 거두셨다. _ 마 27:50

크라조는 '외치다, 절규하다, 큰 소리로 대화하다' 등의 뜻을 갖고 있다. 예수님께서는 십자가에서 돌아가실 때 큰 소리로 절규하고 돌아가셨다. 원래 십자가에서의 죽음은 단번에 죽을 수 있는 것이 아니며, 사람마다 다르게 서서히 숨이 끊어져간다. 보통 십자가의 죽음은 약 3-7일의 시간에 걸쳐 서서히 죽어가는 것이지만, 예수님께서는 십자가에 달리신 지 6시간 만에 큰 소리를 지르고 숨을 거두셨다. 이것은 예수님의 능동적이며 적극적인 죽음을 맞이하는 자세라 하겠다. 어떤 학자는 큰 소리로 외치신 것이 악의 세력을 쫓아내는 엑소시즘 같은 것이라고 해석하기도 한다. 예수님께서는 십자가에서 큰 소리를 외치고 숨을 거두셨고, 그 다음은 죄악으로부터 승리하는 부활의 시간이다.

ἀπιστία 아피스티아

그 아이 아버지는 큰 소리로 외쳐 말했다. “내가 믿습니다. **믿음 없는** 나를 도와주십시오.” _ 막 9:24

아피스티아는 ‘믿음 없음’이다. 보통 헬라어 명사 앞에 알파(α)가 붙으면 반대말이 된다. 믿음은 피스티스(πίστις)인데, 믿음이 없는 것, 부족한 것, 어디에 완전히 헌신하지 못하는 상태는 **아피스티아**다. 귀신들린 자녀를 둔 아버지는 자신의 아이를 고치기 위해 예수님께 믿음 없는 자신을 도와달라고 기도했다. 왜냐하면 믿는 사람에게는 모든 것이 가능하다고 말씀하셨기 때문이다. 이 아버지에게서 배울 점은 자신의 있는 그대로의 모습을 볼 줄 알았고, 자신의 약한 것까지도 도와달라고 기도했다는 것이다. 이 아이의 아버지처럼 우리도 우리의 믿음 없음을 도와달라고 간절히 기도해보자.

νίκη 니케

하나님에게서 태어난 사람은 다 세상을 이기기 때문입니다. 세상을 이긴 **승리**는 이것이니, 곧 우리의 믿음입니다. _ 요일 5:4

니케는 '승리'다. 그리스의 신들 중, **니케**의 신은 '승리의 신'을 의미한다. '승리하다'라는 동사 니카오(νικάω)의 명사형이다. 하나님에게서 태어난 사람은 세상을 이길 수 있다고 말씀하신다. 그것은 예수님께서 이미 세상을 이기셨고, 우리는 그 예수님과 함께하기 때문이다. 예수님과 함께하며 세상을 이겨낼 수 있는 우리의 무기는 바로 '믿음'이다. 믿음은 모든 것을 가능하게 한다고 말씀하셨다. 예수님과 동행하는 삶, 세상을 이겨낼 수 있다는 그 믿음을 가지고 오늘도 살아가며 승리할 수 있기를 기도하자.

γινώσκω 기노스코

여러분은 믿음의 시련이 인내를 낳는다는 것을 **알고 있습니다**. _ 약 1:3

기노스코는 '알다'라는 뜻이다. '어떠한 지식에 다다르다, 배우다, 지식을 얻다, 중요성을 파악하다, 이해하다' 등의 뜻 이외에 '성관계와 같은 깊은 관계 속에서 알게 되다' 등 사람과의 관계 가운데 서로를 알게 되는 의미도 있다. 우리가 보통 하나님을 안다고 할 때는 관계 안에서 상호간의 교류가 있기 때문에 안다는 것을 의미한다. 신앙인에게 중요한 것 중의 하나는 '믿음'이다. 왜냐하면 이 믿음이 있을 때 우리에게 발생하는 모든 것들이 합력하여 선을 이루기 때문이다. 우리가 겪는 시련도 믿음으로 이겨나가면, 그것이 우리에게 인내를 남길 것이다.

δοκίμιον 도키미온

하나님께서는 여러분의 믿음을 **단련**하셔서, 불로 **단련**하지만 결국 없어지고 마는 금보다 더 귀한 것이 되게 하시며, 예수 그리스도께서 나타나실 때에 여러분에게 칭찬과 영광과 존귀를 얻게 해주십니다. _ 벧전 1:7

도키미온은 '단련'을 말한다. 어떤 것의 진정성을 가늠할 수 있는 수단 또는 과정, 테스트 그 자체, 테스트를 통한 결과로 형성된 진정성 등을 의미한다. 하나님께서는 우리로 하여금 신앙의 진정성을 갖게 하기 위해 단련시키신다. 아름다운 금이 나오기까지 불로 그것을 정련하는 것처럼, 금보다 더 귀한 것을 우리가 가질 수 있도록 우리를 단련시키시는 것이다. 그 단련을 이겨냈을 때 하나님께서는 우리를 칭찬하고 영광과 존귀를 얻게 하실 것이다.

θάλασσα 딸라싸

예수께서 거기에서 떠나서, 갈릴리 **바닷가**에 가셨다. 그리고 산에 올라가셔서, 거기에 앉으셨다. _ 마 15:29

딸라싸는 '바다, 호수'를 말한다. **딸라사**는 예수님께서 갈릴리 지역에서 사역을 하실 때 매우 중요한 공간이었다. 이 갈릴리 호수를 중심으로 배를 타고 제자들과 함께, 유대인들이 많이 사는 지역과 이방인들이 많이 사는 지역을 왔다갔다 하시면서 통합적인 구원사역을 이행하셨다. 그러므로 갈릴리 바다가 상징하는 것은 통합, 연합, 상호 이해, 구원의 공간이다. 예수님께서는 갈릴리 바닷가에서 배를 띄우고 설교도 하셨을 뿐만 아니라 이곳에서 4명의 어부 제자들도 만나셨다.

μεταβαίνω 메타바이노

유월절 전에 예수께서는, 자기가 이 세상을 **떠나서** 아버지께로 가야 할 때가 된 것을 아시고, 세상에 있는 자기의 사람들을 사랑하시되, 끝까지 사랑하셨다. _ 요 13:1

메타바이노는 '떠나다'라는 말이다. '~와 함께, ~ 위로'의 전치사 메타(μετα), 그리고 '가다'라는 동사 바이노(βαίνω)가 합쳐져 '위로 가다'의 뜻이 있다. 한 장소에서 다른 장소로 이전할 때 쓰거나, 상태의 변화를 나타날 때도 **메타바이노**를 쓴다. 유월절 전에 예수님께서는 자신이 이 세상을 떠나서 하나님께로 가야 할 것을 아셨다. 그리고 자신의 사람들을 사랑하시되 끝까지 사랑하셨다고 한다. 자신을 배반할 제자들을 아셨지만, 이들의 발을 씻어주고 마지막 만찬을 같이 나누었으며, 이들을 위해 기도까지 하셨다. 자신의 사역을 묵묵히 마치고 이 세상을 떠나 하나님 곁에 계신 예수님, 끝까지 우리를 사랑해주시는 예수님을 묵상하며 오늘도 감사하자.

퓌르

그래서 요한은 모든 사람에게 대답하였다. "나는 여러분에게 물로 세례를 주지만, 나보다 더 능력 있는 분이 오실 터인데, 나는 그의 신발끈을 풀어드릴 자격도 없소. 그는 여러분에게 성령과 **불**로 세례를 주실 것이오." _ 눅 3:16

퓌르는 '불'이다. 성경에서는 불을 상징적인 의미로 많이 사용된다. 첫 번째는 이 말씀에서 보는 것처럼 성령에 대한 비유로 사용한다. 두 번째는 우리를 단련시키는 방법으로 불을 사용하며, 세 번째는 천국과 반대되는 지옥의 상태를 묘사할 때도 사용된다. 불은 뜨겁고 열정적이다. 성령도 우리의 삶에 뜨겁고 열정적으로 임할 수 있으며, 그 성령의 불은 우리를 단련시킨다. 성령의 불은 우리의 죄를 태우며, 우리를 새롭게 변화시키고 예수님과 한몸을 이루어 하나님나라의 시민으로 살아가게 하는 하나님의 영이다.

λείπω 레이포

여러분 가운데 누구든지 지혜가 **부족하거든**, 모든 사람에게 아낌없이 주시고 나무라지 않으시는 하나님께 구하십시오. 그리하면 받을 것입니다. _ 약 1:5

레이포는 '부족하다'라는 뜻을 가진다. '뒤처지다, 약하다, 남겨지다' 등의 의미가 있고, 어떤 이유든지 꼭 있어야 하는데 있지 않은 상태를 뜻한다. 그러므로 우리가 이 세상을 살아가는 데 꼭 필요한 것은 지혜이며, 그것은 하나님을 경외하는 가운데 얻을 수 있는 삶의 노하우다. 우리에게 이러한 거룩한 지혜가 부족할 때, 하나님께 구하면 모든 사람에게 아낌없이 주시는 하나님께서 주신다고 약속하셨다. 관건은 무엇이 부족한가를 제때 알고 하나님께 구할 수 있어야 한다는 것이다.

πᾶς 파스

온갖 좋은 선물과 **모든** 완전한 은사는 위에서, 곧 빛들을 지으신 아버지께로부터 내려옵니다. 아버지께는 이러저러한 변함이나 회전하는 그림자가 없으십니다. _ 약 1:17

파스는 '모든, 온갖'을 뜻하는 형용사다. 영어의 all, every와 같은 의미로 사용된다. 모든 좋은 은사와 선물은 하나님께로부터 온다. 우리의 모든 상황과 필요를 아시는 하나님께서 우리가 원하는 것보다 우리에게 필요한 것을 때에 따라 적정하게 주신다. 하나님은 사람처럼 변덕스럽거나 왔다갔다 하시는 분이 아니어서 우리는 하나님을 온전히 신뢰할 수 있다. 우리에게 필요한 모든 좋은 선물과 은사를 믿음으로 구하고 기다려 보자.

ἰχθύς 익투스

시몬이 대답하였다. "선생님, 우리가 밤새도록 애를 썼으나, 아무것도 잡지 못했습니다. 그러나 선생님의 말씀을 따라 그물을 내리겠습니다." 그런 다음에, 그대로 하니, 많은 **고기** 떼가 걸려들어서, 그물이 찢어질 지경이었다. _ 눅 5:5-6

익투스는 '물고기'다. 예수님께서 가장 먼저 부르신 제자들의 직업은 어부였다. 이들은 한 마리도 잡을 수 없었던 상황에서 예수님과 함께 거대한 물고기 떼를 낚았고, 예수님이 메시아임을 알아보았다. 또한 초대 기독교인들이 박해받는 가운데 그리스도인이라는 표시를 **익투스**로 사용했다. **익투스**는 단순히 물고기란 뜻이지만, 예수('Ιησοῦς) 그리스도(Χριστός) 하나님의(τοῦ Θεου) 아들(Υἱός) 구원자(Σωτὴρ)라는 헬라어의 첫 번째 글자를 축약하면 **익투스**가 된다. 그래서 초대 기독교인들은 이것을 자신들만의 비밀스러운 정체성의 암호로 사용했다.

διδάσκω 디다스코 διδαχή 디다케

사람들은 그의 **가르침**에 놀랐다. 예수께서 율법학자들과는 달리 권위 있게 **가르치셨기** 때문이다. _ 막 1:22

디다스코는 '가르치다'이고, 명사형인 '가르침'은 **디다케**다. 가르치는 선생은 '디다스칼로스'(διδάσκαλος)라고 한다. '가르침'은 예수님께서 행하신 하나님나라의 중요한 사역들 중 하나다. 그 시대에도 하나님의 율법을 가르치는 많은 율법학자들과 서기관들이 있었지만, 예수님의 가르침은 그들과는 전혀 달랐다. 사람들은 예수님의 가르침을 듣고 무엇인가 놀라운 능력에 사로잡혔고, 그 권위가 하나님께로부터 오는 것임을 확신할 수 있었다.

καθίζω 카띠조오

그들이 그에게 대답하였다. "선생님께서 영광을 받으실 때에, 하나는 선생님의 오른쪽에, 하나는 선생님의 왼쪽에 **앉게** 하여주십시오."
_ 막 10:37

카띠조오는 '앉다'라는 말이다. '앉게 하다, 무엇을 맡기다, 책임을 지우다, 어떤 자리에 권위를 주어 앉게 하다, 자리에 머물다' 등의 뜻이 있다. 열두 제자들 중, 세배대의 아들들인 야고보와 요한은 예수님의 메시아 되심이 이땅에서 정치적 왕이 되시는 것이라고 착각했다. 그래서 예수님이 예루살렘에서 왕이 되시면, 자신들에게 한 자리씩 달라고 청탁을 한 것이다. 가장 가까이 있었던 제자들마저도 예수님을 오해하며 자신의 욕망을 투여했다. 오늘날 제자로서 우리의 모습은 어떠한가?

μᾶλλον 말론

내가 기도하는 것은 여러분의 사랑이 지식과 모든 통찰력으로 **더욱 더** 풍성하게 되어서, 여러분이 가장 좋은 것이 무엇인가를 분별할 줄 알게 되는 것입니다. 그리하여 여러분이 그리스도의 날까지 순결하고 흠이 없이 지내며. _ 빌 1:9-10

말론은 '더욱 더'라는 뜻의 부사다. 영어의 'more, all the more'의 의미로, '더 높은, 더 많은 정도의 수준으로'라는 의미가 있다. 바울은 감옥에서 작성한 빌립보서에서 자신이 목회한 교인들을 위해 위의 말씀으로 중보기도했다. 즉 사랑을 위한 모든 지식과 통찰력이 지금보다 더 업그레이드 되어서 가장 좋은 것이 무엇인지 분별할 줄 아는 능력을 갖추도록 권고하고 기도한 것이다. 그래야 그리스도의 날까지 우리가 순결하고 흠이 없이 지낼 수 있다는 것이다. 사랑의 완성을 위한 지식과 통찰, 분별을 더욱 성장시키기 위해 주님께 간구하고 노력하자.

δοκιμάζω 도키마조

여러분은 이 시대의 풍조를 본받지 말고, 마음을 새롭게 함으로 변화를 받아서, 하나님의 선하시고 기뻐하시고 완전하신 뜻이 무엇인지를 **분별하도록 하십시오**. _ 롬 12:2

도키마조는 '분별하다'라는 말이다. 이 동사는 무엇인가를 자세히 관찰하고 비평적으로 조사하는 과정을 거쳐 증명하고, 결론을 이끌어낸다는 뜻을 갖고 있다. 그러므로 신앙인이 된다는 것은 이 세상을 제대로 관찰하고 비평적으로 철저히 조사해야 한다는 것이다. 그래야 본받지 말아야 할 세상의 풍조가 무엇인지 제대로 알 수 있고, 하나님의 선하고 기뻐하시고 완전하신 뜻이 무엇인지 분별할 수 있다. 그러나 하나님의 뜻을 분별하기 위한 선행 조건은 마음을 새롭게 하고 변화를 받는 일이다. 우리의 마음이 날마다 새롭게 되고, 우리의 생각과 행동이 변화를 받도록 성령께 우리 자신을 내어드리자.

τέλειος 텔레이오스

그러므로 하늘에 계신 너희 아버지께서 **완전하신** 것같이, 너희도 **완전하여라**. _ 마 5:48

텔레이오스는 '완전한, 성숙한, 도덕적으로 흠이 없는, 높은 기준의' 등과 같은 뜻을 가진 형용사다. 예수님께서는 우리가 지향해야 할 인간의 성숙도 기준을 하나님께 맞추고 있다. 하나님께서 완전하신 것처럼 우리도 하나님의 성품과 태도를 닮아가야 한다는 것이다. 이러한 삶을 보여주신 모델이 바로 예수 그리스도다. 예수님께서 보여주신 삶의 태도와 성품을 따라 제자의 삶을 살아가자. 물론 이것이 실현 가능할까 걱정스럽지만, 일단 명하신 가르침을 좇아 예수님의 완전하심이 내 안에 새겨지도록 우리 주님께 나 자신을 맡기자.

οἰκτίρμων 오이크티르몬

너희의 아버지께서 **자비로우신** 것같이, 너희도 **자비로운** 사람이 되어라.
_ 눅 6:36

오이크티르몬은 '자비로운'이란 뜻의 형용사다. '동정심을 갖다, 공감하다, 자비롭다'의 뜻을 가진 동사 오이크티로(οἰκτίρω)에서 왔다. 누가복음은 특히 하나님의 성품 중 '자비로움'을 강조하고 있고, 이 자비를 실천하는 것이 곧 하나님을 닮아가는 것임을 보여준다. 마태가 하나님의 거룩하심과 완전하심을 강조하는 것에 대해, 누가는 평행구절에서 자비로움을 강조하고 있다. 하나님의 자비로우심처럼 우리가 자비로워지는 것이 하나님께서 우리에게 바라시는 기준이다.

ἐσθίω 에스띠오

인자는 와서, **먹기도** 하고 마시기도 하니, 그들이 말하기를 "보아라, 저 사람은 마구 **먹어대는** 자요, 포도주를 마시는 자요, 세리와 죄인의 친구다" 한다. 그러나 지혜는 그 한 일로 옳다는 것이 입증되었다. _ 마 11:19

에스띠오는 '먹다'라는 말이다. '완전히 먹어치우다, 소비하다, 없애버리다'의 뜻도 있다. 식사문화는 로마문화나 유대문화에서 모두 공동체를 구성하고 유지하는 중요한 요소로 지켜졌다. 일반적으로 식사는 같은 계급과 문화에 속한 사람들끼리 하는 것이 관례였다. 그러나 예수님께서는 계급과 신분에 의한 경계를 철폐하고 누구와도 함께 식사를 즐기셨다. 특히 세리나 죄인으로 취급받던 사회에서 혐오 대상과도 즐기기를 마다하지 않으셨다. 그래서 예수님의 별명은 '세리와 죄인의 친구'였다. 우리가 함께 즐겨 먹는 대상자들은 누구인지 생각해보자. 혹시 외롭거나 친구가 없어서 홀로 먹거나, 식비마저 없어 끼니를 건너뛰는 주님의 친구들은 없는지 주변에서 찾아보자.

γενεα 겐네아

예수께서는 마음속으로 깊이 탄식하시고서 말씀하셨다. "어찌하여 이 **세대**가 표징을 요구하는가! 내가 진정으로 너희에게 말한다. 이 **세대**는 아무 표징도 받지 못할 것이다." _ 막 8:12

겐네아는 '세대'를 뜻한다. 성, 인종, 국가를 불문하고 동시대에 태어난 사람들을 통칭해서 부르는 말이다. 예수님께서는 이 세대를 명하실 때, 대부분 부정적인 의미에서 사용하셨다. 그것은 아마도 빛으로 오신 예수님을 거부하는 어둠의 세력이 판을 치고 있었기 때문이다. 예수님을 직접 본 사람들은 예수님을 하나님께서 보내신 하나님의 아들, 즉 메시아로 믿지 못하고 표적을 구했다. 예수님께서는 믿음이 없는 자들이 표징을 구한다고 말씀하시면서 요나의 표징밖에는 받을 표징이 없다고 말씀하셨다. 요나의 표징은 이방인들이 구원을 얻을 것이라는 것과 예수님께서 사흘 만에 부활하신다는 것을 나타내는 표징이다. 혹시 우리도 하나님께 믿음 없는 표징을 구하고 있지는 않은가.

ἀνίστημι 아니스테미

베드로가 그에게 "애니아여, 예수 그리스도께서 그대를 고쳐주십니다. **일어나서**, 자리를 정돈하시오" 하고 말하니, 그는 곧 **일어났다**. _ 행 9:34

아니스테미는 '일어나다'라는 말이다. '~ 위를 향하여, ~ 에 대항하여'라는 뜻의 전치사 아나(ἀνα), 그리고 '~ 을 놓다, 일으키다'라는 뜻의 동사 히스테미(ἵστημι)의 합성어다. '위를 향하여 일어나다' 또는 '땅에 대항하여 일어나다'의 뜻이 모두 가능하다. 베드로는 룻다라는 지역에서 8년 동안 중풍병으로 자리에 누워 있는 애니아라는 사람을 만나고, 예수님께서 중풍병자를 살리신 것처럼, 베드로도 애니아를 살린다. 이때 베드로는 예수님께서 직접 애니아를 고쳐주시는 것이며, 자신은 그 사자임을 명확히 하며 애니아에게 일어나라고 명하고, 애니아는 그 자리에서 일어났다. 그 광경을 지켜보던 사람들은 주님께 영광을 돌렸다.

ἀποκρίνομαι 아포크리노마이

빌라도는 다시 예수께 물었다. "당신은 아무 **답변**도 하지 않소? 사람들이 얼마나 여러 가지로 당신을 고발하는지 보시오." 그러나 예수께서는 더 이상 아무 **대답도 하지** 않으셨다. 그래서 빌라도는 이상하게 여겼다. _ 막 15:4-5

아포크리노마이는 '대답하다, 답변하다'라는 말이다. '~로부터'의 전치사 아포(ἀπο), 그리고 '옳고 그름을 결정하다, 심판하다'의 크리노(κρίνω) 동사의 합성어로 '~ 에 대하여 응답하다'라는 뜻이고, 법정 용어로도 쓰인다. 빌라도 앞에서 심문받으실 때, 예수님께서는 아무 대답도 하지 않으셨다. 법정에 선 피의자는 보통 자신이 직접 변론하거나 변호사를 통해 열심히 변호해야 함에도 불구하고, 예수님께서는 침묵을 지키셨다. 예수님께서는 자신이 가야 할 길을 아셨기 때문이다. 그 침묵은 하나님의 구원의 길에 대한 순종을 의미한다.

θαυμάζω 따우마조

예수께서 다만 몇몇 병자에게 손을 얹어서 고쳐주신 것밖에는, 거기서는 아무 기적도 행하실 수 없었다. 그리고 그들이 믿지 않는 것에 **놀라셨다**. _ 막 6:5-6

따우마조는 '놀라다'라는 의미를 갖고 있다. 어떤 것에 의해 방해를 받아서 매우 '이상하게 여기다, 궁금하다, 의아해하다' 등의 의미가 있다. 예수님께서는 치유사역을 하실 때 상대가 믿음이 있으면, "너의 믿음이 너를 구원하였다"라고 말씀하셨다. 상대방의 믿음과 상관없이 예수님께서 치유와 구원을 주셨지만, 믿음이 없는 곳에서는 그렇게 많은 기적을 행하지 않으셨다. 그리고 왜 그들이 믿지 않을까 이상히 여기셨다. 하나님께서는 믿음이 있는 곳에 더 역사하심을 알 수 있다. 우리의 작은 믿음일지라도 크게 하나님께서 역사하시길 기도하자.

πλήρωμα 플레로마

사랑은 이웃에게 해를 입히지 않습니다. 그러므로 사랑은 율법의 **완성** 입니다. _ 롬 13:10

플레로마는 '완성'을 뜻한다. '가득 채우다, 완성하다'의 동사인 플레로오(πληρόω)의 명사형이다. 모든 율법의 핵심은 '사랑'이다. 예수님께서도 우리가 지켜야 할 계명은 우리의 온 마음과 힘과 목숨을 다해 주 하나님을 사랑하는 것이고, 이웃을 내 몸같이 사랑하는 것이라고 말씀하셨다. 이웃을 내 몸처럼 사랑하는 것이 율법의 핵심일진대, 이웃에게 해를 입히는 것은 사랑이라고 할 수 없다. 세세한 계명들을 모두 지키기는 어렵다. 그러나 사랑한다면 그것이 곧 율법의 완성이라고 한다. 그러나 사랑하기 쉬운 사람에 대하여는 내 스스로 의인이라 착각하기 쉽고, 사랑하기에 어려운 사람들은 신앙의 걸림돌이 될 수 있음을 명심하며 주님께 은혜를 구해야 할 것이다.

φιλαδελφία 필라델피아

형제의 사랑으로 서로 다정하게 대하며, 존경하기를 서로 먼저 하십시오.
_ 롬 12:10

필라델피아는 '형제 사랑'이다. '사랑하다' 동사 필레오(φιλέω)와 '형제'를 의미하는 아델포스(ἀδελφός)의 합성어다. 우리에게 익숙한 미국 동부의 한 도시 이름이 필라델피아인데, 그 의미가 바로 '형제 사랑'이다. 예수님께서는 가족의 개념을 혈연관계를 뛰어넘어 새로운 가족으로 범위를 확장시키셨으며, 하나님의 뜻을 행하는 사람들이 모두 예수 그리스도의 형제자매다. 그러기에 바울이 명하는 형제 사랑은 혈연관계의 형제를 포함한 모든 그리스도 안에서 가족이 된 이웃들을 뜻한다. 서로 다정할 뿐 아니라 서로 먼저 존경해야 한다.

ἁγιάζω 하기아조

그러므로 누구든지 이러한 것들로부터 자신을 깨끗하게 하면, 그는 주인이 온갖 좋은 일에 요긴하게 쓰는 **성별된** 귀한 그릇이 될 것입니다.
_ 딤후 2:21

하기아조는 '성별하다, 거룩하다'의 뜻이다. '거룩함과 존경으로 대접하다, 거룩한 상태로 포함시키다, 거룩하게 만들다'의 의미도 있다. 우리가 하나님 앞에서 거룩하다고 칭함을 받는 것은 우리 자체가 거룩하다기보다는 예수님께서 우리 죄를 씻기는 희생 제물로 드려지셨고, 하나님께서는 우리가 예수님과 한몸이 되었다고 여겨주셔서 우리를 거룩하다고 선포해주셨다. 하나님께서 죄 없다 선포해주셨으니, 이제 남겨진 삶은 진실로 거룩한 삶을 좇아 살아야 한다. 성령님께 나의 삶을 의탁하고 죄로부터 벗어난 깨끗한 삶으로 우리 자신을 준비하면, 하나님께서 온갖 좋은 일에 귀하게 쓰시는 거룩한 그릇이 될 것이다.

τιμάω 티마오

나를 섬기려고 하는 사람은 누구든지 나를 따라오너라. 내가 있는 곳에는, 나를 섬기는 사람도 나와 함께 있을 것이다. 누구든지 나를 섬기면, 내 아버지께서 그를 **높여주실 것이다.** _ 요 12:26

티마오는 '높이다, 존경하다, 가치평가하다' 등의 의미가 있다. 예수님께서는 주님을 섬기려고 하는 사람은 주님을 따르는 삶을 살아야 한다고 말씀하신다. '따라오라'는 말은 자신의 삶을 좇으라는 의미로, 예수님의 삶을 닮아 살아가는 것이 곧 예수님을 섬기는 것이고, 예수님을 섬기는 삶을 살아갈 때 우리와 함께하신다고 약속하신다. 더욱이 예수님의 삶을 좇아 살아가면 하나님께서 그 사람을 높여주신다고 하셨다. 그것은 예수님의 삶, 하나님나라에서 생명의 삶을 사는 삶, 하나님 사랑과 이웃 사랑으로 요약되는 삶이다.

휘파고

예수께서는, 아버지께서 모든 것을 자기 손에 맡기신 것과 자기가 하나님께로부터 왔다가 하나님께로 **돌아간다**는 것을 아시고. _ 요 13:3

휘파고는 '떠나다, 멀리 가다, 죽다' 등의 뜻으로 '~에 의해, 밑에'란 의미의 전치사 휘포(ὑπο), 그리고 '가다, 이끌다' 동사의 아고(ἄγω)의 합성어다. 예수님께서는 아버지 되신 하나님께서 이 세상을 위한 모든 권한을 예수님께 맡기신 것을 아셨고, 인간과 세상의 구원이라는 미션을 위해 하나님께로부터 와서 하나님께로 다시 돌아간다는 것을 아셨다. 하나님을 대표하는 하나님의 아들로 예수님께서는 하나님의 성품과 사랑, 구원 계획을 모두 이행하셨고, 이제는 하나님께로 다시 돌아가신다는 것을 알고 십자가의 사역을 감당하셨다.

푸우스

주이며 선생인 내가 너희의 **발**을 씻겨주었으니, 너희도 서로 남의 **발**을 씻겨주어야 한다. _ 요 13:14

푸우스는 '발'을 말한다. 사람의 다리를 뜻할 때도 사용되고, 걷는 보폭을 의미할 때도 사용된다. 유대문화에서 발은 가장 더러운 부분으로 여겼다. 그래서 밖에 나갔다가 집에 돌아오면 가장 먼저 발을 씻었다고 한다. 특히 식사 전에는 손과 발을 씻는 것이 관례였는데, 예수님께서는 마지막 만찬 이전에 제자들의 발을 한 사람씩 모두 씻어주셨다. 발을 씻어주는 행위는 주로 노예가 주인에게 하는 일이었으므로 예수님께서 제자들의 발을 씻기신 일이 제자들은 매우 불편했을 것이다. 그러나 예수님께서는 사랑하는 제자들의 발을 씻겨주시며, 너희도 서로 발을 씻겨주어야 한다고 말씀하신다. 즉 종이 된 것처럼 다른 사람을 지극 정성으로, 낮은 자세로 섬겨야 함을 말씀하신 것이다.

נוּן 눈

참되게 예배를 드리는 사람들이 영과 진리로 아버지께 예배를 드릴 때가 온다. **지금**이 바로 그때이다. 아버지께서는 이렇게 예배를 드리는 사람들을 찾으신다. _ 요 4:23

눈은 '지금'을 말한다. 현재라는 긴 의미의 시간보다는 '바로 이 순간'이라는 차원의 뜻이다. 참되게 예배를 드리는 것은 우리의 영과 진실한 삶으로 하나님을 영화롭게 하는 것이다. 예수님께서는 바로 지금 이 순간이 하나님께 예배드려야 할 때이며, 하나님께서는 이렇게 영과 참된 이치, 올바른 것으로 예배드리는 사람들을 찾는다고 하신다. 우리가 하나님께 드리는 예배는 주일에 예배당에서 드리는 범위를 훨씬 넘어선다. 우리 삶 자체가 하나님께 드리는 예배가 되어야 하고, 하나님께서는 그러한 자들을 찾으신다.

παραγγέλλω 파라앙겔로

하나님께서는 무지했던 시대에는 눈감아주셨지만, 이제는 어디에서나 모든 사람에게 회개하라고 **명하십니다**. _ 행 17:30

파라앙겔로는 '명하다'를 뜻한다. '~ 곁에, 옆에'의 전치사 파라(παρά), 그리고 '소식을 전하다'라는 뜻의 동사 앙겔로(ἀγγέλλω)가 결합된 합성동사로, 그 문자적 의미는 '~ 곁에서 소식을 전하다'라 할 수 있다. '반드시 행해져야 하는 것에 대해 알리다, 명령하다, 방향을 보여주다, 교육하다' 등의 뜻이 내포되어 있다. 하나님께서는 인간의 죄악에 대해 인내로 묵과해주셨다. 그러나 예수 그리스도를 보내면서 회개하고 주께로 돌아오라고 명하셨다. 우리 삶의 방향을 돌이켜 하나님께로 돌아가는 것이 바로 우리 생명의 근원이다.

자오

그분은 약하셔서 십자가에 못박혀 죽으셨지만, 하나님의 능력으로 **살아계십니다.** 우리도 그분 안에서 약합니다마는, 하나님의 능력으로 그분과 함께 **살아나서**, 여러분을 대할 것입니다. _ 고후 13:4

자오는 '살아나다, 살다, 활동하다, 생명으로 가득 차다, 생명을 제공하다' 등의 의미가 있다. 영어로는 live의 의미가 가장 가깝다. 예수님께서는 우리 죄악의 결과로 십자가에 못박히셨다. 예수님의 십자가는 우리 죄가 얼마나 심각한지 보여주는 거울과도 같은 표상이다. 십자가에 못박히신 예수님의 모습은 우리가 그렇게 만들었을 뿐 아니라, 그 자리가 바로 내 자리였음을 보여준다. 그렇게 해서라도 하나님께서는 우리가 회개하기를 원하셨다. 그렇게 해서라도 우리를 용서하고 싶어 하셨다. 그러나 하나님께서는 다시 예수님을 살리심으로, 우리 삶 또한 그러할 것이라는 것을 동시에 보여주셨다. 예수님을 다시 살리심으로, 우리를 향한 용서와 구원을 동시에 이행하신 것이다.

ἀποθνῄσκω 아포뜨네스코

그리스도께서 **죽으신** 죽음은 죄에 대해서 단번에 **죽으신** 것이요, 그분이 사시는 삶은 하나님을 위하여 사시는 것입니다. _ 롬 6:10

아포뜨네스코는 '죽다, 죽음의 문에 이르다, 운명을 다하다' 등의 뜻이다. '~로부터'의 전치사 아포(ἀπό), 그리고 '죽다'를 뜻하는 동사 뜨네스코(θνῄσκω)가 결합되어 문자적 의미는 '~로부터 죽다'이다. 예수님께서는 우리를 위하여 세상의 죄악으로부터 죽음을 맞이하셨다. 그리고 우리로 하여금 죄의 세력 아래 살지 않도록 부활하셔서 우리에게 생명을 부여하셨다. 예수님의 죽으심으로 말미암아 보여주신 하나님의 사랑에 감사하고, 이제는 우리도 그분이 살아가신 삶을 따라 살아야 할 것이다.

ἀσθένεια 아스떼네이아

그러나 주님께서는 내게 이렇게 말씀하셨습니다. "내 은혜가 네게 족하다. 내 능력은 **약한** 데서 완전하게 된다." 그러므로 그리스도의 능력이 내게 머무르게 하기 위하여 나는 더욱 더 기쁜 마음으로 내 **약점**들을 자랑하려고 합니다. _ 고후 12:9

아스떼네이아는 '약점'이다. '질병과 고통으로부터 약해진 상태, 또는 한계에 부딪힌 능력의 상태, 확신하지 못함, 부적정한 상태' 등을 의미한다. 바울은 앓고 있던 질병으로 인해 꽤 고생했다. 병명이 무엇인지는 정확히 알지 못하지만, 바울은 이것을 위해 여러 번 많이 기도했다. 그때 바울이 받은 응답은 "하나님의 은혜가 충분하다"라는 답이었다. 왜냐하면 우리의 약함 속에서 하나님께서 채우며 일하시기 때문이다. 우리의 약함 가운데 하나님께서 더 드러나시며, 우리 자신의 어떠함 때문에 일이 이루어지는 것이 아니라, 하나님께서 일하신다는 것을 강하게 보여주는 증거가 되는 것이다. 우리에게 충분히 부어주시는 은혜에 감사하며, 자족할 줄 아는 지혜를 배워야 할 것이다.

εὐδοκία 유도키아

하나님은 하나님의 **기뻐하시는 뜻**을 따라 예수 그리스도를 통하여 우리를 하나님의 자녀로 삼으시기로 예정하신 것입니다. _ 엡 1:5

유도키아는 '기뻐하시는 뜻'이다. '좋은, 선한'을 뜻하는 접두어 유(εὐ), 그리고 '간주하다, 여기다'의 뜻을 가진 동사 도케오(δοκέω)의 합성어 유도케오(εὐδοκέω) 동사의 명사형이다. '선한 뜻, 기쁨의 상태, 바라는 욕구' 등을 의미한다. 하나님께서 기쁨으로 여기신 뜻은 바로 예수 그리스도를 통해 우리를 하나님의 자녀로 삼으신 것이다. 예수님의 희생을 통해서라도 예수님을 우리에게 보내주신 이유가 바로 우리를 하나님의 자녀로 회복시키기 위함이다. 이제 우리는 하나님의 자녀로 당당히 승리하며 하나님의 뜻을 이행하면서 하나님께 영광 돌리는 삶을 살아야 할 것이다.

κοπιάω 코피아오

수고하며 무거운 짐을 진 사람은 모두 내게로 오너라. 내가 너희를 쉬게 하겠다. _ 마 11:28

코피아오는 '수고하다'라는 뜻이다. 육체적, 정신적, 영적으로 일을 열심히 행하여 피곤하고 약해진 상태를 의미하는 단어다. 복음은 우리를 쉬게 한다. 우리가 감당하지 못할 율법의 조항들을 지키라고 우리 발에 족쇄를 채우는 것이 아니라, 우리에게 구원의 길을 베풀어주신 예수님께 나가는 것이다. 예수님께서는 우리가 생명의 숨을 쉬기를 바라셨다. 그리고 대신 죄의 대가인 십자가를 짊어지셨다. 우리 대신 십자가를 짊어지신 예수님께 나아와 감사하며 생명의 숨을 쉬면 된다. 우리가 이땅에서 감당해야 할 인생의 무게를 예수님께 온전히 맡기고 평안을 누리자.

δεῦτε 듀테

“내가 한 일을 모두 알아맞히신 분이 계십니다. **와서** 보십시오. 그분이 그리스도가 아닐까요?” 사람들이 동네에서 나와서, 예수께로 갔다.
_ 요 4:29-30

듀테는 ‘이곳으로 와서, 자’라는 의미의 부사다. 특히 요한복음에서 많이 사용되고 있는 표현으로, 영어로는 “come here, come on!”의 뜻이라고 하겠다. 복음을, 그리고 진리를 직접 와서 확인하라는 초청과 요청의 의미다. 이렇게 복음은 들어서, 그리고 보아서 믿음으로 받아들이는 것이다. 안드레는 자신의 형제 시몬에게 “와서 보라”고 초청했고, 사마리아 여인도 자신이 만난 분이 바로 그리스도라고 확신해 동네 사람들에게 와서 보라고 전했다.

ἀνάπαυσις 아나파우시스

나는 마음이 온유하고 겸손하니, 내 멍에를 메고 나한테 배워라. 그리하면 너희는 마음에 **쉼**을 얻을 것이다. _ 마 11:29

아나파우시스는 '쉼'이다. '~에 대하여'의 전치사 아나(ἀνα), 그리고 '멈추다, 그만두게 하다' 등의 동사 파우오(παύω)의 합성명사다. **아나파우시스**는 '일들로부터 지쳐서 쉼, 어떤 일을 멈춤, 쉬는 장소의 위치' 등을 뜻한다. 예수님께서는 수고하고 무거운 짐을 진 인생들로 하여금 쉼을 얻도록 우리를 초청하신다. 마음이 온유하고 겸손한 예수님의 멍에를 메고 배운다면, 우리 마음에 쉼을 얻게 된다고 말씀하셨다. 우리 마음이 예수님처럼 겸손하고 온유할 때, 오히려 인생의 무거운 짐들을 풀어낼 수 있는 출발점이 될 수 있지 않을까.

ταπεινός 타페이노스

그러나 하나님께서는 더 큰 은혜를 주십니다. 그러므로 성경에 이르기를 "하나님께서는 교만한 자들을 물리치시고, **겸손한** 사람들에게 은혜를 주신다" 하고 말합니다. _ 약 4:6

타페이노스는 '겸손한'이란 뜻의 형용사다. '낮은 자세의, 복종하는, 대처할 능력이 없는, 사회적 위치가 낮은' 등의 의미가 있다. 하나님께서는 교만한 자들을 물리치고 겸손한 사람들에게 은혜를 주신다고 한다. 교만한 자들이란 하나님 없이도 잘 살 수 있다고 착각하는 자들이고, 겸손한 사람들은 하나님의 은혜 없이는 살 수 없음을 체험으로 깨닫고 기도하는 자들이다. 우리에게 하나님의 은혜가 충만하도록 겸손한 삶의 자세를 갖도록 하자.

ὑπερήφανος 휘페레파노스

그는 팔로 권능을 행하시고 마음이 **교만한** 사람들을 흩으셨으니, 제왕들을 왕좌에서 끌어내리시고 비천한 사람을 높이셨습니다. _ 눅 1:51-52

휘페레파노스는 '교만한, 콧대가 높은, 자만심이 강한'이란 뜻의 형용사다. '~ 위에'라는 의미의 전치사 휘페르(ὑπέρ), 그리고 '보이다, 나타나다'의 동사 파이노마이(φαίνομαι)가 합성된 뜻으로, '누구 위에서 보이다'라는 문자적 의미를 가지고 있다. 누구보다 더 위에 있고자 하는, 위의 존재로 보이고자 하는 것이다. 그러나 하나님께서는 이러한 남보다 위에 있고자 하는 교만한 자들을 흩으시고, 가장 권력 위에 있는 제왕들을 끌어내 낮은 자리의 비천한 사람들을 높이시는 분이다.

ὀφθαλμός 오프딸모스 οὖς 우스

너희의 **눈**은 지금 보고 있으니 복이 있으며, 너희의 **귀**는 지금 듣고 있으니 복이 있다. _ 마 13:16

오프딸모스는 '눈'이고, **우스**는 '귀'다. 눈은 보기 위함이고, 귀는 듣기 위함이다. 그러나 우리가 시각적으로 보고 있다고 해서 보아야 할 것을 보고 있다는 의미는 아니며, 마찬가지로 청각적으로 듣고 있다고 해서 들어야 할 것을 듣고 있는 것은 아닐 수 있다. 하나님께서는 이사야 선지자를 통해 보기는 보아도 보지 못하고 듣기는 들어도 깨닫지 못하는 영적으로 우둔한 백성들을 책망하셨다. 우리에게도 보아야 할 하나님의 손길, 들어야 할 하나님의 말씀이 있다. 진정으로 보고 들어야 할, 우리가 놓쳐서는 안 될 것들은 무엇인가?

σπέρμα 스페르마 ἀγρός 아그로스

예수께서 말씀하셨다. "좋은 **씨**를 뿌리는 이는 인자요, **밭**은 세상이다. 좋은 씨는 그 나라의 자녀들이요, 가라지는 악한 자의 자녀들이다."
_ 마 13:37-38

스페르마는 '씨'이고, **아그로스**는 '밭'이다. 스페르마는 '자손'을 의미하기도 하는데, 이 비유에서 좋은 씨는 하나님나라의 자녀들을, 가라지는 악한 자의 자녀들을 의미한다. **아그로스**는 '밭'을 뜻하며, 영어에서 농업을 의미하는 agriculture가 이 단어와 연관이 있다. 인자는 세상에 하나님나라의 자녀들을 뿌려놓았고, 악한 자의 자녀들 역시 함께 살아가도록 했다. 그러나 궁극적인 하나님의 심판에서 가라지와 같은 악한 자의 자녀들은 뽑히게 될 것이고, 하나님나라의 자녀들은 인정받게 될 것이다.

τέκτων 테크톤

이 사람은 마리아의 아들 **목수**가 아닌가? 그는 야고보와 요셉과 유대와 시몬의 형이 아닌가? 또 그의 누이들은 모두 우리와 같이 여기에 살고 있지 않은가? 그러면서 그들은 예수를 달갑지 않게 여겼다. _ 막 6:3

테크톤은 '목수'를 말한다. 요셉 역시 목수였고, 그 아들로 자라난 예수님께서는 당시 문화에서 아버지의 가업을 이어가는 것이 자연스러웠다. 서른 살 즈음에 하나님의 아들로서 공식적인 사역을 시작하셨으니, 그 전까지는 아버지 요셉으로부터 목수의 일을 배웠고, 실제로 목수로 일하셨던 것 같다. 그리하여 나사렛의 동네 사람들이 예수님을 마리아의 아들 목수로 알아보았고, 예수님의 형제들과 자매들을 모두 아는 것으로 말한다. 그러나 그들의 익숙한 생각과 편견은 오히려 구원의 길로 나가는 걸림돌이 되었다. 우리의 상황과 생각을 훨씬 뛰어넘어 역사하시는 하나님을 우리의 제한된 틀에 가두는 우를 범해서는 안 된다.

ἐγγίζω 엥기조

그때부터 예수께서는 "회개하여라. 하늘나라가 **가까이 왔다**"하고 선포하기 시작하셨다. _ 마 4:17

엥기조는 '가까이 오다, 다가오다'의 뜻이다. 여기서는 현재완료 시제로 쓰여서, 하늘나라가 가까이 왔다라고 할 때는 다가오는 중이거나 아직 안 온 것이 아니라, 이미 어느 정도 와 있음을 나타낸다. 예수님께서는 하나님나라가 이미 어느 정도 왔으니, 우리가 회개하여, 즉 생각과 삶의 방향을 바꾸어 하나님나라의 주권 아래 살도록 선포하신 것이다. 우리에게 임한 하나님나라는 무엇인지 구체적으로 고백해보자. 우리가 전환해야 할 생각과 삶의 방향은 무엇인가?

απαρνέομαι 아파르네오마이

예수께서 제자들과 함께 무리를 불러놓고 그들에게 말씀하셨다. "나를 따라오려고 하는 사람은, 자기를 **부인하고**, 자기 십자가를 지고 나를 따라오너라." _ 막 8:34

아파르네오마이는 '부인하다'라는 뜻이다. 이 동사의 의미는 자기를 위해 행동하지 않고 타인을 배려하고 신경 쓰는 것이며, 이기적이지 않은 태도와 생각으로 행동하는 것을 의미한다. 사람들은 본능적으로 이기적이기 쉽다. 그러나 예수님께서는 예수님의 제자가 되려는 사람은 자기중심성, 이기적인 것을 내려놓으라고 말씀하신다. 예수님께서 자신을 비우고 하나님의 뜻으로 채워 십자가의 길을 가셨던 것처럼, 그렇게 자신을 비울 때 하나님께서 채워주시는 것을 경험하는 것이 제자의 삶이다.

στηρίζω 스테리조

하나님께서는 내가 전하는 복음 곧 예수 그리스도에 관한 선포로 여러분을 능히 **튼튼히 세워주십니다**. 그는 오랜 세월 동안 감추어두셨던 비밀을 계시해주셨습니다. _ 롬 16:25

스테리조는 '견고하게 세우다'라는 뜻이다. 그밖에 '돕다, 강하게 하다, 내면적으로도 강건하게 하다, 확신하다' 등의 의미가 있다. 바울은 자신의 복음 사역이 사람들을 견고하게 하고 믿음 안에서 강하게 한다는 확신을 가졌다. 그리고 하나님께서는 우리를 향하여 오랫동안 참으셨다가 예수 그리스도를 통해 마침내 구원의 길을 우리에게 계시해주신 것이다. 이 복음은 신비하게 세상에 감추어져 있으나, 알고자 하는 자들에게는 그 비밀이 열린다. 그러므로 복음을 위해 사역하는 자들이 중요하다. 하나님께서 그 자녀들의 선포와 사역을 통해 비밀을 알리시기 때문이다.

νύξ 뉙크스 ἡμέρα 헤메라

하나님께서 자기에게 **밤낮**으로 부르짖는, 택하신 백성의 권리를 찾아주시지 않으시고, 모른 체하고 오래 그들을 내버려두시겠느냐? _ 눅 18:7

뉙크스는 '밤'이고, **헤메라**는 '낮'이다. 해가 뜨기 시작해서 해가 질 때까지는 **헤메라**이고, 해가 지고 나서부터 해가 다시 뜰 때까지의 기간은 **뉙크스**다. 밤낮으로 하나님께 부르짖었다는 것은 늘, 항상, 기회가 닿는 대로 기도했다는 것이고, 이렇게 밤낮을 가리지 않고 기도했다는 것은 정말 급하고, 억울하고, 간절한 기도 내용이 있었다는 것이다. 하나님께서는 이렇게 간절한 우리의 기도를 물리치지 않고, 기도하는 선택하신 백성들의 권리를 지체하지 않고 들어주신다는 것이다. 그러므로 우리는 낙심하지 말고 구하고, 찾고, 두드리는 기도를 지속해야 한다.

βοάω 보아오

광야에서 **외치는** 이의 소리가 있다. "너희는 주님의 길을 예비하고, 그의 길을 곧게 하여라." _ 막 1:3

보아오는 '외치다'라는 뜻이다. '높은 볼륨의 목소리로 크게 말하다, 으르렁거리다' 등의 뜻이 있다. '광야'는 이스라엘 전통에서 하나님을 만나는 장소이며, 하나님께 훈련받는 곳을 상징한다. 광야에서 하나님의 뜻을 전하는 선지자는 모든 사람이 들을 수 있을 만큼의 최선을 다하는 큰 소리로 외친다. 주님의 길을 예비하고, 그의 길을 곧게 하라는 것이다. 세례 요한은 광야에서 이 외치는 자의 역할을 다했다. 사람들로 하여금 예수님께서 오시는 하나님나라의 길을 준비하라고, 즉 회개하고 복음을 믿으라고 외쳤다. 예수님의 길이 구부러지지 않고 곧게 하는 것은 우리가 회개하고 복음을 믿으며 하나님나라의 삶을 살아가는 것이다.

ἀμέμπτως 아멤프토스

평화의 하나님께서 친히, 여러분을 완전히 거룩하게 해주시고, 우리 주 예수 그리스도께서 오실 때에 여러분의 영과 혼과 몸을 **흠이 없이** 완전하게 지켜주시기를 빕니다. _ 살전 5:23

아멤프토스는 '흠이 없이, 비난받지 않게, 결점이 없게, 고결하게' 등의 뜻을 가진 부사다. 일반적으로 헬라어에서 알파(α)는 부정의 뜻이 있고, 멤포마이(μέμφόμαι)는 '비난하다'라는 뜻의 동사다. 이 두 단어가 결합된 '비난받지 않는'이라는 형용사가 아멤프토스(ἀμέμπτος)이고, 부사의 형태는 발음은 같지만 스펠링이 다른 **아멤프토스**(ἀμέμπτως)다. 바울은 평화의 하나님께서 우리를 거룩하게 지켜주시고, 아무것도 비난받지 않고 온전하게 지켜주시기를 기도한다. 우리도 예수님 때문에 비난받는 것 외에는 아무 비난도 받지 않고, 거룩하고 흠이 없게 살아가기를 기도해야 한다.

τηρέω 테레오

그러나 누구든지 하나님의 말씀을 **지키면**, 그 사람 속에서는 하나님께 대한 사랑이 참으로 완성됩니다. 이것으로 우리가 하나님 안에 있음을 압니다. _ 요일 2:5

테레오는 '지키다'라는 말이다. 그밖에 '감시하다, 보호하다, 붙들다, 지속하도록 하게 하다, 관찰하다, 주목하다, 순종하며 지속하다' 등의 뜻이 있다. 우리가 하나님 안에 있음을 알 수 있는 증거는 하나님의 말씀을 지키는 것이다. 하나님께서 우리에게 바라시는 것은 그렇게 거창하지 않다. 감사하며, 기도하며, 하나님과 이웃을 사랑하는 것이 하나님의 뜻의 핵심이다. 우리 안에 있는 하나님에 대한 사랑을 완성하기 위해, 주님께서 말씀하신 것을 지킬 수 있도록 한 걸음씩 나아가자.

ἐπιθυμία 에피뛰미아

세상에 있는 모든 것, 곧 육체의 **욕망**과 눈의 **욕망**과 세상 살림에 대한 자랑은 모두 하늘 아버지에게서 온 것이 아니라, 세상에서 온 것이기 때문입니다. _ 요일 2:16

에피뛰미아는 '욕망'이다. '~에 대한 강력한 바람, 욕구'를 뜻한다. '욕망하다'라는 동사 에피뛰메오(ἐπιθυμέω)의 명사형이다. 사람은 누구에게나 무언가를 바라는 '욕구'가 있다. 그러나 그 욕구가 어떤 경계를 넘는 과한 것이 될 때 그것은 욕심에 의한 '욕망'이 될 수 있다. 육체의 욕망, 눈의 욕망은 하나님께서 주시는 것이 아니라 세상에서 온 우리의 욕심에 의한 것이라고 설명한다. 하나님께서 우리에게 주시는 만족하는 은혜로 살 수 있도록 기도를 쉬지 말자.

παρθένος 파르떼노스

"보아라, **동정녀**가 잉태하여 아들을 낳을 것이니, 그의 이름을 임마누엘이라고 할 것이다" 하신 말씀을 이루려고 하신 것이다. (임마누엘은 번역하면 "하나님이 우리와 함께 계시다"는 뜻이다.) _ 마 1:23

파르떼노스는 결혼적령기의 '아가씨, 처녀'를 뜻한다. 마태는 마리아의 수태를 성경에 미리 예언된 것을 성취하는 관점에서 설명한다. 그리고 이 세상을 구원할 메시아의 이름을 임마누엘이라고 한다. 임마누엘은 "하나님께서 우리와 함께하신다"는 뜻이며, 그것은 예수님께서 이땅에 오신 이유이기도 하다. 예수님께서는 하나님께서 우리와 함께하신다는 좌표로 오셨으며, 그 사랑을 보여주기 위해 우리와 같은 인간의 모습으로 오셨다. 우리를 사랑해서 만나러 오신 분을 우리는 우리의 죄로 십자가에 못박았다. 그러나 예수님께서는 그것까지도 용서하고 사랑하면서 우리를 품으셨다. 우리를 만나러 오신 임마누엘의 하나님을 경배하며 감사드리는 하루를 보내자.

μετά 메타

내가 너희에게 명령한 모든 것을 그들에게 가르쳐 지키게 하여라. 보아라, 내가 세상 끝 날까지 항상 너희와 **함께** 있을 것이다. _ 마 28: 20

메타는 여러 의미를 가진 전치사다. 메타 + 소유격 명사는 '~ 함께', 메타 + 목적격 명사는 '~ 후에, ~ 뒤에'라는 뜻을 가지고 있다. 임마누엘로 오신 예수님께서는 이제 떠나시면서까지 항상 우리와 함께하신다고 약속하신다. 이땅에 인간의 모습으로 오셔서, 약 33년을 사시면서 우리에게 가르쳐주신 말씀들과 사역들을 이제 우리에게 이행하라고 말씀하신다. 그리고 그것을 아직 복음을 모르는 자들에게도 가르쳐서 그들도 지킬 수 있도록 사역하라고 명하신다. 세상 끝 날까지 함께하겠다고 약속하신 주님을 바라보며, 오늘도 담대하게 사명을 감당하는 하루를 살자.

ἀντίχριστος 안티크리스토스

그러나 예수를 시인하지 않는 영은 다 하나님에게서 나지 않은 영입니다. 그것은 **그리스도의 적대자**의 영입니다. 여러분은 그 영이 올 것이라는 말을 들었습니다. 그런데 그 영이 세상에 벌써 와 있습니다. _ 요일 4:3

안티크리스토스는 '적그리스도'라는 말이다. 안티(ἀντι)는 '반대'를 의미하는 접두어이고, 크리스토스(χριστος)는 그리스도다. 그러므로 **안티크리스토스**는 그리스도의 적대자다. 예수님을 그리스도로 시인하지 않는 영은 그리스도의 적대자의 영이라고 말씀하신다. 반대로 예수님을 그리스도로 고백할 수 있는 것은 하나님에게서 온 선물이다. 이 세상은 아직도 예수님을 그리스도로 보지 못하고 있는 사람들이 많다. **안티크리스토스**의 영이 일하고 있기 때문일 것이다. 그리스도의 영으로 예수님을 고백할 수 있음에 감사하자.

μεριμνάω 메림나오

아무것도 **염려하지** 말고, 모든 일을 오직 기도와 간구로 하고, 여러분이 바라는 것을 감사하는 마음으로 하나님께 아뢰십시오. _ 빌 4:6

메림나오는 '염려하다, 걱정하다, 관심하다' 등의 뜻이다. 걱정이 많아 잠을 이루지 못하는, 괴로운 당신에게 하나님께서는 말씀하신다. 염려하는 대신에, 관심하는 일에 기도하고, 감사하는 마음으로 바라는 것을 하나님께 아뢰라고 하신다. 우리에게 발생한 일들을 감사한 마음으로 받아들일 수 있는 큰 마음의 그릇을 내어드릴 때, 모든 것을 협력하여 선을 이루시는 하나님께서 우리의 소원들을 하나님의 때에, 하나님의 방법으로 이루어주시리라 믿는다.

ὑπερέχω 휘페레코

그리하면 사람의 헤아림을 **뛰어넘는** 하나님의 평화가 여러분의 마음과 생각을 그리스도 예수 안에서 지켜줄 것입니다. _ 빌 4:7

휘페레코는 '뛰어넘다'라는 말이다. '~ 보다 더 높은 위치에 있다, 권위를 갖다, 다스리다, 더 높은 가치를 갖다' 등의 의미가 있다. '~ 위에'를 뜻하는 전치사 휘페르(ὑπερ), 그리고 '갖다'의 동사 에코(ἔχω)가 만난 합성어로, 문자적 의미로는 '~ 위에서 갖다, 더 높은 곳에 있다'라는 뜻이다. 하나님은 사람의 생각을 뛰어넘는 분이다. 우리의 생각보다 더 나은 생각을 가지시는 하나님의 평화가 우리의 마음과 생각을 예수 그리스도 안에서 지켜주신다. 지금은 이해되지 않더라도 나보다 나를 더 사랑하고, 나보다 더 나은 생각을 가지고 계신 하나님께 우리의 인생을 맡기자.

φρουρέω 프르후레오

하나님께서는 여러분의 믿음을 보시고 그의 능력으로 여러분을 **보호해주시며**, 마지막 때에 나타나기로 되어 있는 구원을 얻게 해주십니다.
_ 벧전 1:5

프르후레오는 '보호하다'라는 말이다. '지켜주다, 감시하다, 안전을 제공하다, 유지하다' 등의 의미가 있다. 하나님께서 우리를 향해 귀하게 보시는 것은 '믿음'이다. 예수님께서도 믿음이 있는 곳에 더 역사하셨고, 믿음이 없으면 이상하게 여기고 능력을 크게 발휘하지 않으셨다. 의인은 믿음으로 말미암아 살리라고 말씀하신 것처럼, 우리가 하나님을 의지하고 믿는 그 믿음 위에 하나님께서는 우리를 보호해주시고, 마지막 때까지 보장된 구원을 얻게 해주신다. 언제나 우리를 보호해주시는 하나님을 믿고 바라보자.

κληρονομέω 클레로노메오

형제자매 여러분, 내가 말하려는 것은 이것입니다. 살과 피는 하나님나라를 **유산으로 받을** 수 없고, 썩을 것은 썩지 않을 것을 **유산으로 받지** 못합니다. _ 고전 15:50

클레로노메오는 '상속받다'라는 뜻을 갖고 있다. '유산을 받다, 상속자가 되다, 얻다, 소유하게 되다' 등의 의미가 있다. 고린도전서 15장 50절에 나온 '살과 피'는 이 세상의 것, 영적인 것과 반대되는 의미에서의 육체적인 것, 물질적인 것을 의미한다. 이러한 것은 하나님나라를 얻을 수 없고, 이것은 마치 빛과 어둠이 공존하지 못하는 것과 같다. 우리는 하나님의 자녀들로 하나님나라를 유산으로 받는다. 하나님나라를 상속받기 위해서는 그에 걸맞는 준비가 되어 있어야 한다. 하나님나라를 상속받기 위해 합당한 자녀의 자세는 무엇인지 생각해보자.

μεταμορφόομαι 메타모르포마이

그리고 엿새 뒤에, 예수께서는 베드로와 야고보와 그의 동생 요한을 따로 데리고서 높은 산에 올라가셨다. 그런데 그들이 보는 앞에서 그의 **모습이 변하였다**. 그의 얼굴은 해와같이 빛나고, 옷은 빛과같이 희게 되었다. _ 마 17:1-2

메카모르포마이는 '모습이 변화하다'라는 말이다. '~ 와 함께'라는 의미의 전치사 메타(μετά), 그리고 '어떤 성질을 변화하게 하다'라는 뜻의 동사 모르포오(μορφόω)의 합성어로, '~ 와 함께 모습이 변화하다'라는 뜻이다. 소위 '변화산 사건'에서 예수님께서는 열두 제자들 중, 대표로 베드로, 야고보, 요한을 데리고 높은 산에 올라가셔서 모세와 엘리야와 대화하고, 하나님의 아들이심을 이 제자들에게 확증하셨다. 하나님나라의 사람들과 대면하고 난 후, 예수님의 모습은 해와같이 빛나는 모습으로 변했다. 이것은 하나님나라를 경험한 사람들의 모습이기도 하다. 우리의 얼굴은 어떠한지, 혹시 세상의 어려움과 근심 걱정에 찌들어 있지는 않은지 살피면서 하나님을 만나고 예수님처럼 변화하는 경험을 해보자.

ἥλιος 헬리오스

해가 떠서 뜨거운 열을 뿜으면, 풀은 마르고 꽃은 떨어져서, 그 아름다운 모습은 사라집니다. 이와같이, 부자도 자기 일에 골몰하는 동안에 시들어버립니다. _ 약 1:11

헬리오스는 태양을 말한다. 해는 우리의 일상에 반드시 필요한 존재다. 그러나 적절하게 거리를 두어야 유익하지, 너무 가까이 가게 되면, 이카루스의 날개처럼 녹아버리고 그 존재마저 파괴된다. 이처럼 물질과 부는 어느 정도 부족하지 않을 정도의 필요를 채워줄 때가 적정하다. 물질과 재산에 지나치게 골몰하게 되면, 그것에 사로잡혀 우리 자신까지 잃어버릴 수 있다. 영혼이 시들지 않기 위해서는 일정한 거리를 두며 그것에 사로잡혀 살지 않도록 우리의 궁극적인 목적이 부에 있지 않음을 다시 한 번 상기해야 할 것이다.

ἱμάτιον 히마티온

이 여자가 예수의 소문을 듣고서, 뒤에서 무리 가운데로 끼여 들어와서는, 예수의 **옷**에 손을 대었다. (그 여자는 "내가 그의 **옷**에 손을 대기만 하여도 나을 터인데!" 하고 생각하고 있었던 것이다.) _ 막 5:27-28

히마티온은 '옷, 복장'을 뜻한다. 일반적으로 겉옷을 의미하며, 겉옷은 예수님 당시 유대인들이 가장 바깥에 걸친 코트와 같은 것이다. 12년 동안 혈루병을 앓고 있던 여인은 자신의 재산을 거의 탕진하면서까지 모든 방법을 시도해봤지만, 자신의 병을 낫게 할 수는 없었다. 그러나 예수님께서 많은 사람들의 질병을 고쳐주셨다는 이야기를 듣고 그분의 옷자락이라도 만지면 나을 수 있을 것 같다는 믿음을 가졌고, 실제로 그렇게 했을 때 병이 깨끗이 나았다. 예수님께서는 이 여인의 믿음을 칭찬하시면서, 그녀의 믿음이 그녀를 구원했다고 말씀하신다. 우리도 이 여인을 본받아 예수님의 옷자락에 우리의 믿음이 닿게 하자.

ὀργή 오르게

하나님의 **진노**가, 불의한 행동으로 진리를 가로막는 사람의 온갖 불경건함과 불의함을 겨냥하여, 하늘로부터 나타납니다. _ 롬 1:18

오르게는 '진노, 분노'라는 말이다. 이것은 어떠한 상태가 옳지 않은 방향으로 잘못되었을 때 느끼게 되는 강한 부정적인 감정이다. 하나님의 진노는 불의한 행동으로 진리를 가로막는 사람들에게 드러난다. 이 세상에서 이러한 불의함, 경건하지 못한 행동들에 하나님의 진노와 심판이 하늘로부터 나타나므로, 먼저 이러한 심판의 대상이 되지 않도록 조심해야 할 것이다. 그리고 불의한 행동을 하는 자들에게 하나님의 진노를 선포하고 경계하도록 경고해야 한다. 무엇보다도 오랫동안 참으신 하나님의 진노가 우리에게 심판으로 연결되지 않도록, 의롭게 살아가야 할 것이다.

παραλογίζομαι 파라로기조마이

그리스도 안에는 모든 지혜와 지식의 보화가 감추어져 있습니다. 내가 이 말을 하는 것은, 아무도 교묘한 말로 여러분을 **속이지** 못하게 하기 위함입니다. _ 골 2:3-4

파라로기조마이는 '속이다, 호리다, 사기치다' 등의 뜻이다. 문자적으로는 '~ 옆에, 가까이'라는 전치사 **파라**(παρα), 그리고 '생각하다, 간주하다, 가정하다' 등의 다양한 뜻이 있는 동사 **로기조마이**(λογίζομαι)의 합성어다. '가까이서 말을 호려 생각하게 만들다, 유혹에 빠지게 하다'의 뜻이다. 주님 안에는 모든 지혜와 지식의 보화가 가득하다. 다른 화려한 언변이나 우리를 호릴 수 있는 잘못된 정보들에 매혹되어 우리 자신이 속아넘어가지 않도록 늘 주님 안에서 깨어 있어야 할 것이다.

θησαυρός 떼사우로스

우리는 이 **보물**을 질그릇에 간직하고 있습니다. 이 엄청난 능력은 하나님에게서 나는 것이지, 우리에게서 나는 것이 아닙니다. _ 고후 4:7

떼사우로스는 '보물'이다. 안전을 위해 잘 유지해두는 장소, 보고를 뜻하거나 잘 보관된 보물 그 자체를 뜻하기도 한다. 성경은 우리가 보물을 담고 있는 질그릇과 같다고 설명한다. 우리가 빛나는 이유는 우리 자신이 보물이어서라기보다는 하나님께서 우리를 보물로 인정해주시면서 우리 안에 보물을 담아주시기 때문이다. 그러므로 우리는 질그릇이지만 하나님께서 우리 안에 보물을 담아주셔서 그 보물 때문에 빛나게 되는 것이다. 그 보물은 바로 우리의 죄를 모두 용서해주고, 다시금 하나님의 뜻 안에서 살도록 구원의 길을 열어주신 그리스도 자체다. 그리스도와 함께 살아갈 때 우리는 보물로 간주될 수 있다.

πρόσκαιρος 프로스카이로스

우리는 보이는 것을 바라보는 것이 아니라, 보이지 않는 것을 바라봅니다. 보이는 것은 **잠깐**이지만, 보이지 않은 것은 영원하기 때문입니다.
_ 고후 4:18

프로스카이로스는 '잠깐'의 시간이다. '~를 향하여'를 뜻하는 전치사 **프로스**(πρός), 그리고 '때'를 의미하는 **카이로스**(καίρος)의 합성어로, '궁극적인 때를 향하는 시간'으로 이 시간은 머물러 있는 영원한 시간이 아니라, 하나님의 시간인 카이로스를 향해 가는 일시적인, 잠시의 시간을 의미한다. 우리는 궁극적으로 하나님의 시간 카이로스를 향해 나아가는 삶을 살아가고 있다. 보이는 것을 좇아가지 않고, 보이지 않는 영원한 것을 따라가는 삶이 바로 믿음의 삶이다.

ἀδικία 아디키아

불의한 것은 모두 죄입니다. 그러나 죽음에 이르지 않는 죄도 있습니다.
_ 요일 5:17

아디키아는 '불의'를 뜻한다. 알파(α)가 부정, 또는 반대의 뜻을 가진 접두어이고, 의로움을 뜻하는 형용사 디카이오스(δίκαιος)가 만나 '의롭지 않음, 불의함'이라는 명사 **아디키아**가 되었다. 의로운 것은 하나님의 성품이다. 그러한 하나님의 성품에 속하지 않는 모든 불의한 행위들은 죄다. 이러한 불의가 우리를 죄로 이끌고 궁극적으로는 죽음으로 이끈다. 죽음에 이르지 않는 죄도 있다고 하지만, 이것은 하나님께서 심판하실 영역이며, 우리는 모든 불의로부터 벗어나고, 불의한 일들을 불의하다고 선언하고 사람들이 불의한 일을 저지르지 않도록 경계하는 일도 해야 한다.

βραδὺς 브라뒤스

사랑하는 형제자매 여러분, 여러분은 이것을 알아두십시오. 누구든지 듣기는 빨리 하고, 말하기는 **더디** 하고, 노하기도 **더디** 하십시오. _ 약 1:19

브라뒤스는 '더디, 천천히, 느리게'라는 뜻을 가진 부사다. 현대인들은 속도와 효율성을 중요시 여긴다. 그래야 무슨 일을 하든지 경쟁력을 갖기 때문이다. 더욱이 우리나라 사람들은 '빨리빨리'를 한국인의 특성처럼 생각하고 행동하며 다른 사람에게도 그렇게 요구한다. 그러나 세상의 방식을 따르지 않는 그리스도인들에게는 빨리 할 것이 있고, 천천히 할 것이 있다. 성경은 우리에게 남의 말 경청하기를 빨리 하고, 대신 내가 말하는 것은 천천히, 화를 내는 것도 천천히 하라고 권고한다. 생각하지 않고 섣불리 내뱉는 말은 경솔한 행동으로 이어질 수 있고, 일을 그르칠 가능성이 많다. 화를 내는 것 역시 우리가 다시 한 번 생각하고 곱씹을 때, 인생의 실수를 줄일 수 있다. 이것이 당연한 그리스도의 삶의 자세다.

επαισχύνομαι 에파이스퀴노마이

나는 복음을 **부끄러워하지** 않습니다. 이 복음은 유대 사람을 비롯하여 그리스 사람에게 이르기까지, 모든 믿는 사람을 구원하는 하나님의 능력입니다. _ 롬 1:16

에파이스퀴노마이는 '부끄러워하다'라는 뜻이다. 어떤 상황 때문에 지위를 잃게 되거나 실패한 경험 때문에 아픈 감정을 갖게 될 때 이 동사가 사용된다. 또는 단순하게 창피하거나 부끄러운 감정을 갖는 것을 뜻한다. 고대 지중해 문화에서 수치-명예는 매우 중요한 가치 중의 하나였다. 예수님께서 십자가에 돌아가셨다는 것은 그 당시 문화에서 수치스러운 일이었다. 그러나 바울은 예수 그리스도의 십자가 복음이 수치스러운 일이 절대 아니고, 모든 믿는 사람을 구원하는 하나님의 능력이 되는 일이라고 천명했다.

κατεργάζομαι 카테르가조마이

하나님의 뜻에 맞게 마음 아파하는 것은, 회개를 하게 하여 구원에 **이르게 하므로**, 후회할 것이 없습니다. 그러나 세상 일로 마음 아파하는 것은 죽음에 **이르게 합니다**. _ 고후 7:10

카테르가조마이는 '이르게 하다, 성취하다, 결과를 가져오다, 생산하다, 준비하다' 등의 의미를 가지고 있다. '~로, ~을 향하여'의 전치사 카타(κατά), 그리고 '일하다'의 동사 에르가조마이(ἐργάζομαι)의 합성동사다. 하나님의 뜻에 맞게 후회하고 마음 아파하여 회개하는 것은 구원에 이르게 하지만, 세상 일로 걱정하고 마음 아파하는 일은 죽음을 향해 일하는 것이라고 한다. 우리는 죽음을 향한 일을 하는 것이 아니라 구원을 향해 일해야 할 것이다. 우리 근심의 이유는 무엇을 향하고 있는가?

μέγας 메가스

그러나 너희끼리는 그렇게 해서는 안 된다. 너희 가운데서 누구든지 **위대하게** 되고자 하는 사람은 너희를 섬기는 사람이 되어야 하고.
_ 막 10:43

메가스는 '위대한, 훌륭한, 큰'이라는 뜻의 형용사다. 세상 사람들은 일반적으로 자신의 이름을 높이길 원하고 사람들로부터 인정받길 원하다. 또한 세상 사람들은 권력을 갖고, 그것을 타인을 향해 휘둘러 자신의 영향력을 높이고 다른 사람들이 자신을 우러러보기를 바란다. 그러나 예수님께서는 세상 사람들이 권력을 휘두르면서 사람들을 부리는 것에 절대 반대하신다. 예수님께서는 하나님나라에서 위대한 사람이란 오히려 섬김의 권력을 가지고 그들을 돕는 사람이라 말씀하시고 그 본을 스스로 직접 보여주셨다.

ἐλέησόν με 엘레손 메

나사렛 예수가 지나가신다는 말을 듣고 "다윗의 자손 예수님, **나를 불쌍히 여겨주십시오**" 하고 외치며 말하기 시작하였다. _ 막 10:47

엘레손 메는 "나를 불쌍히 여겨주십시오"라는 의미다. 간절하게 구원을 바라는 자들이 믿음을 가지고 예수님께 간구했던 공통적인 기도 내용이다. **엘레손**은 '자비로운 마음을 갖다, 동정심을 갖다'의 동사 엘레오(ἐλεέω)의 명령형이며, **메**(με)는 '나를'이라는 목적격이다. "나를 불쌍히 여겨달라"는 바디매오의 기도 외침은 군중 속에서도 예수님께서 귀를 기울이도록 만들었다. 그리고 예수님께서는 그렇게 간절하게 외치는 자에게 기꺼이 자비를 베푸셨다. 우리도 **엘레손 메**라는 간절한 마음의 기도를 주님께 드려보자.

ὀλιγοπιστία 올리고피스티아

예수께서 그들에게 대답하셨다. "너희의 **믿음이 적기** 때문이다. 내가 진정으로 너희에게 말한다. 너희에게 겨자씨 한 알만한 믿음이라도 있으면, 이 산더러 '여기에서 저기로 옮겨가라!' 하면 그대로 될 것이요, 너희가 못할 일이 없을 것이다." _ 마 17:20

올리고피스티아는 '적은 믿음'이다. '적은'이라는 형용사 올리고스(ὀλίγος), '믿음'이라는 여성명사형 피스티아(πιστία)가 합쳐진 형태다. 하나님의 자녀로 살아가기 위한 큰 무기는 믿음과 기도다. 예수님께서는 우리가 하나님의 일들을 능력 있게 이행하지 못하는 이유로 **올리고피스티아** 때문이라고 말씀하셨다. 우리에게 겨자씨만한 믿음이라도 있으면, 어떠한 일도 못할 일이 없다고 말씀하셨다. 그렇다면 관건은 우리의 믿음이다. 겨자씨는 좁쌀만한 아주 작은 씨인데, 예수님의 시각에서는 그렇게 작은 믿음도 우리 안에 없다는 것이다. 우리에게 믿음 없음을 솔직히 인정하고, 믿음을 더해달라고 기도하는 시간을 갖자.

λυπέω 뤼페오

하나님의 성령을 **슬프게 하지** 마십시오. 여러분은 성령 안에서 구속의 날을 위하여 인치심을 받았습니다. _ 엡 4:30

뤼페오는 '슬퍼하다, 괴로워하다, 심각한 정신적, 감정적 고통을 일으키다, 화나게 만들다' 등의 의미가 있다. 성령은 삼위일체 하나님의 한 부분이다. 특별히 예수 그리스도의 부활과 승천 이후 함께하시는 하나님의 기능을 맡고 있는 것이 바로 성령이다. 그리고 우리 안에 내주하시며, 또 우리 밖에서도 역사하시는 성령님께서 우리를 보고 슬퍼하시지 않게 하라고 말씀하신다. 성령님께서 슬퍼하실 경우는 언제일까? 우리 안에 내주하고 계신 성령님이 우리를 보고 어떻게 생각하실지 묵상해보자.

ἁπλότης 하플로테스

하나님께서 여러분을 모든 일에 부요하게 하시므로, 여러분이 후하게 헌금을 하게 될 것입니다. 우리가 여러분의 **헌금**을 전달하면, 많은 사람이 하나님께 감사를 드리게 될 것입니다. _ 고후 9:11

하플로테스는 '자비, 진실함, 올바름, 솔직함, 단순함, 헌신, 온전한 드림' 등을 의미한다. 우리 성경은 '헌금'이란 뜻으로 의역했지만, 고린도 교회는 물질적으로 어려움을 겪고 있었던 예루살렘 교회를 위해 물질을 걷어 예루살렘 교회에 전달했다. 하나님께서 물질적으로 부요하게 하셨다면, 그것을 하나님나라와 그 의를 위해 사용한다면, 많은 사람들이 하나님께 그것으로 인해 감사를 드린다. 어떤 분야에서든 하나님께서 우리에게 부요함을 허락하신다면, 그것을 사용해 어려움을 겪고 있는 이웃에게 진실한 자비를 베풀어 하나님께 감사와 영광을 돌리게 하자.

οὕτως 후토스

너희가 각각 진심으로 자기 형제자매를 용서해주지 않으면, 나의 하늘 아버지께서도 너희에게 **그와같이** 하실 것이다. _ 마 18: 35

후토스는 '그와같이, 이렇게, 이처럼'과 같은 의미의 부사다. 앞 구절의 반복적 의미를 설명하기 위해 사용하는 연결사 기능을 한다. 우리를 용서해주신 하나님께서는 우리도 용서하기를 원하신다. 우리에게 해를 입히거나 상처를 준 형제자매들, 그들을 용서하는 것은 사실 우리를 위한 유익이기도 하다. 왜냐하면 그 상처를 계속 내 안에 품고 있다면 그것이 쓴 뿌리가 되어 나에게 해를 끼치는 원인이 될 수 있기 때문이다. 우리에게 용서를 요구하시는 하나님께서는 어쩌면 우리를 사랑하시는, 우리를 위하시는 하나님의 치유책일 수 있겠다.

δεῖ 데이

그리고 예수께서는 인자가 **반드시** 많은 고난을 받고, 장로들과 대제사장들과 율법학자들에게 배척을 받아, 죽임을 당하고 나서, 사흘 후에 살아**나야 한다**는 것을 그들에게 가르치기 시작하셨다. _ 막 8:31

데이는 비인칭동사로, 반드시 '~해야 한다, 필요가 있다' 등의 의미로 영어 must와 유사한 기능을 한다. 화자가 꼭 강조해야 하는 말에서 이 동사를 사용한다. 예수님께서는 자신의 수난 예고에서 이 동사를 사용하셨다. 구원의 완성을 위해 예수님께서 반드시 겪으셔야 하는 일이 고난, 죽음, 부활임을 강조하신 것이다. 예수님께서는 이러한 고난을 설명하실 때 '인자'(사람의 아들)란 표현을 사용하신다. 그것은 하나님의 아들이지만, 사람의 아들로 오셔서 사람의 대표로 이 모든 일들을 이루어가시므로 사람을 위한 구원의 길을 여신다는 의미가 있다.

ἄρχομαι 아르코마이

그때부터 예수께서는 "회개하여라, 하늘나라가 가까이 왔다" 하고 선포하기 **시작하셨다**. _ 마 4:17

아르코마이는 '시작하다, 어떤 행동을 주도적으로 진행하다'라는 말이다. **아르코마이**는 아르코(ἄρχω) 동사의 중간태(middle voice)다. 우리 문법에는 없는 중간태 시제는 주어의 적극적인 참여를 내포한다. 그러므로 이 단어의 사용은 예수님께서 하나님나라가 가까이 왔음을 적극적으로 주도해 선포하셨다는 것을 뜻한다. 원형동사 '아르코'는 높은 위치에서 '지배하다, 다스리다'라는 뜻이다. 이 동사에서 파생된 명사 아르콘(ἄρχων)은 '통치자, 지배자, 우두머리'를 뜻한다. 예수님께서 가장 먼저 선포하기 시작하신 내용은 '회개'와 '하늘나라'다. 마태는 '하나님나라'라는 표현 대신 '하늘나라'를 사용했으며, 이것은 '하나님'이란 호칭을 직접 사용하지 못하던 유대인들의 문화가 반영된 것이다. 오늘도 우리 삶이 하나님나라의 지배를 받도록 회개하고 주님의 다스림을 기대하자.

ἀνακαινόω 아나카이노

새 사람을 입으십시오. 이 새 사람은 자기를 창조하신 분의 형상을 따라 끊임없이 **새로워져서**, 참 지식에 이르게 됩니다. _ 골 3:10

아나카이노는 '새로워지다'라는 말이다. '위로, 각각'의 뜻을 가진 전치사 아나(ἀνά), 그리고 '새로운, 최근의'라는 뜻의 형용사 카이노스(καινός)가 합쳐진 동사로, 문자적으로는 '각각 새롭게 되다, 위를 향하여 새로워지다'라는 의미다. 우리는 날마다 새로워져야 한다. 새 사람이 되기 위한 방향성은 하나님의 형상을 회복하는 것이다. 하나님의 형상으로 만들어진 인간의 삶의 최고 모델은 바로 예수 그리스도다. 예수님을 닮아가는 삶, 이것이 바로 새 사람을 입게 되는 것이고, 예수님의 삶을 살다보면 참 지식, 즉 구원에 이르게 된다.

ἔξω 엑크소 ἔσω 에쏘

그러므로 우리는 낙심하지 않습니다. 우리의 **겉**사람은 낡아가나, 우리의 **속**사람은 날로 새로워집니다. _ 고후 4:16

엑크소는 '바깥에', **에쏘**는 '안에'를 뜻하는 부사다. 이 세상에서 나이가 들수록 우리의 겉사람은 늙어가더라도 우리의 속사람은 날마다 새로워지는 것이 이땅에서 살아가는 하나님의 자녀들의 특징이다. 겉이 늙어가는 것은 시간의 흐름으로 어떻게 할 수 없는 자연현상이다. 그러나 속사람이 날마다 새로워져서 성숙하고 풍성해지는 것은 하나님께 우리 자신을 맡기며 영적 훈련을 지속해나가는 우리에게 책임이 있다. 나이가 들수록 세상에서 말하는 꼰대가 아니라 영적으로 더욱 풍성해져서 지혜가 가득한 성숙한 하나님의 자녀가 될 수 있기를 기도하자.

ἐικών 에이콘

그 아들은 보이지 않는 하나님의 **형상**이시요, 모든 피조물보다 먼저 나신 분이십니다. _ 골 1:15

에이콘은 '형상'으로, '어떤 대상을 담기 위해 형성되어진 것, 초상, 어떤 것을 대표하는 기본 형태' 등을 의미한다. 예수님께서는 우리 눈에 보이지 않는 하나님을 대표해 나타난 하나님의 모습이다. 만물이 생겨나기 전부터 함께 계셨던 분이며, 오로지 인간의 구원을 위해 인간과 같은 형상으로 이땅에 오신 분이다. 예수님을 통해 우리는 하나님을 본다. 예수님이 하나님의 형상이기 때문이다. 그러므로 우리의 모습을 통해 예수님의 모습이 보여져야 한다. 예수님을 믿는다는 것은 예수님의 삶을 좇아간다는 것을 의미하기 때문이다.

κάμηλος 카멜로스

내가 다시 너희에게 말한다. 부자가 하나님나라에 들어가는 것보다 **낙타**가 바늘귀로 지나가는 것이 더 쉽다. _ 마 19:24

카멜로스는 '낙타'를 말한다. 영어의 낙타 camel도 이 단어의 영향을 받았다. 밧줄을 의미하는 헬라어는 카밀로스(κάμιλος)다. 어떤 학자는 낙타가 바늘귀로 지나가는 것이 아니라, "밧줄이 바늘귀로 지나가는 것이 더 쉽다"가 원래 뜻이었으나, 스펠링이 바뀌어서 밧줄이 낙타로 바뀌었다고 주장하기도 한다. 어쨌든 중요한 메시지는 부자가 하나님나라에 들어가는 것이 어렵다는 이야기다. 여기서 부자는 정의로운 방법으로 부를 쌓은 것이 아니라, 불의한 방법으로 노동력을 착취해 부를 모은 부자다. 예수님 당시 사회구조가 정의로운 부자를 창출해내기 힘들었으므로, 모든 부자를 통틀어 비판하는 것이라고도 볼 수 있다. 그러나 성경은 부자가 구원받을 수 있는 방법이 있다고, 그것은 하나님께서 하실 수 있는 일이라고 가르친다.

ὁ υἱὸς του ἀνθρώπου

호 휘오스 투 안뜨로푸우

그러므로 **인자**는 또한 안식일에도 주인이다. _ 막 2:28

호 휘오스 투 안뜨로푸우는 '사람의 아들', 곧 '인자'를 뜻한다. **호**는 관사, **휘오스**는 아들, **투**는 소유격 관사, **안뜨로푸우**는 안뜨로푸스의 소유격, 즉 '사람의'를 말한다. 사람의 아들, 인자는 구약성경의 배경을 가지고 있다. 먼저 하나님과 대조되는 의미에서 사람의 아들이란 표현인데, 시편 기자들이나 예언자들이 자신들을 표현할 때 '인자'라는 표현을 썼다. 두 번째로, 다니엘서 7장 13절에 의하면 인자는 종말의 심판자로, 구름을 타고 내려오셔서 세상을 심판할 하나님의 대리자다. 예수님 시대에 인자는 이러한 전통을 모두 가지고 있었으며, 예수님께서는 수난받을 대표자로 인자를 덧붙이셨다. 마가복음 2장 28절의 인자는 일차적으로 예수님을 의미하지만, 사람의 아들, 즉 인간의 대표를 의미할 수도 있다. 그렇다면 안식일은 사람을 위해 있는 것이며, 그 의미는 온전한 '쉽'이다.

Θυγάτηρ 뛰가테르

그러자 예수께서 그 여자에게 말씀하셨다. "**딸**아, 네 믿음이 너를 구원하였다. 안심하고 가거라. 그리고 이 병에서 벗어나서 건강하여라."
_ 막 5:34

뛰가테르는 '딸'이다. 예수님께서는 열두 해 동안 혈루병을 앓고 있던 여성에게 '딸'이라는 자녀를 부르는 호칭으로 불러준다. 즉 이 여성은 하나님의 자녀이며, 그녀의 믿음은 바로 그녀를 구원하게 하는 동력이 되었다. 자신이 병을 얻은 것은 죄를 지었기 때문이라는 그 당시 문화에 사로잡혀 외롭게 혼자 12년을 고군분투했던 이 여성에게, 예수님께서 처음 건네신 말은 바로 "딸아"였다. 즉 이 여성이 병을 앓고 있었던 것은 죄인이기 때문이 아니며, 오히려 하나님의 귀한 자녀임을 명확히 하신 것이다. 우리를 딸, 아들로 불러주시는 하나님의 은혜에 감사하며, 모든 걱정에서 벗어나 건강하고 안심하며 살 수 있는 믿음을 하나님께 내어드리자.

ἔμπροσθεν 엠프로스뗀

우리 주 예수께서 오실 때에, 그분 **앞에서**, 우리의 희망이나 기쁨이나 자랑할 면류관이 무엇이겠습니까? 그것은 여러분이 아니겠습니까?
_ 살전 2:19

엠프로스뗀은 '~ 앞에서, 표면 위에'라는 뜻을 가지고 있는 부사다. 라틴어 '코람데오'는 '하나님 앞에서'라는 말이다. 이 단어는 우리가 바로 하나님 앞에서 살아간다는 의미로 하나님을 인식하고 살아야 한다는 도전을 준다. **엠프로스뗀**이 바로 '앞에서'란 뜻의 헬라어다. 바울은 주님이 다시 오실 때, 그분 앞에서 자신이 자랑할 것은 바로 사랑과 헌신으로 목회했던 교인들이라고 고백했다. 우리가 하나님 앞에 섰을 때 희망과 기쁨이 되고 자랑할 만한 면류관은 무엇인가? 이 단어를 통해 바울과 같은 고백을 할 수 있는 어떤 것(대상)이 있어야 한다는 도전받는다.

ἐπιστρέφω 에피스트레포

이스라엘 자손 가운데서 많은 사람을 그들의 주 하나님께로 **돌아오게** 할 것이다. 그는 또한 엘리야의 심령과 능력을 가지고 주님보다 앞서 와서, 부모의 마음을 자녀에게로 **돌아오게** 하고, 거역하는 자들을 의인의 지혜의 길로 **돌아서게** 해서. _ 눅 1:16-17

에피스트레포는 '돌아오다'라는 말이다. '~ 위에서, 표면에'라는 뜻의 전치사 에피(ἐπι), 그리고 '돌다, 바꾸다'의 동사 스트레포(στρέφω)의 합성동사로, '원래 있던 자리로 되돌아가다'의 뜻이 있다. 구원을 받는다는 것은 하나님께로 다시 돌아가는 것이다. 하나님과 함께 있는 자리가 우리의 원래 자리인데, 죄라는 세력에 의해 우리는 하나님께로부터 떨어지게 되었다. 예수님께서 오셔서 죄의 문제를 해결하셨으니, 우리는 다시 하나님께로 돌아갈 수 있다. 누가복음 1장 16-17절은 세례 요한의 사역을 묘사하고 있다. 요한의 사역은 원래의 자리로 돌아가게 하는 일이었다. 우리의 존재가 하나님께로, 부모의 마음이 자녀에게로, 자녀가 부모에게로, 거역하는 자들이 의인의 지혜의 길로 돌아가는 것이다. 우리가 돌아가야 할 곳은 어디인가?

λαός 라오스

모든 **백성**과 심지어는 세리들까지도 요한의 설교를 듣고, 그의 세례를 받았다. 이렇게 하여 그들은 하나님의 옳으심을 드러냈다. _ 눅 7:29

라오스는 '백성'이다. 많은 무리의 사람들을 의미하는데, 특별히 누가복음에서는 하나님의 백성을 뜻하는 단어로 사용된다. **라오스**는 유대인과 이방인, 의인과 죄인, 남성과 여성, 부자와 가난한 자 등 모든 계층의 사람들을 아우르는 말로, 모두가 다 하나님의 '백성'이다. 하나님의 많은 백성들이 요한의 설교를 듣고 세례를 받았고, 그들은 하나님의 옳으심을 드러냈다고 누가는 증언하고 있다. 우리가 회개하고 하나님께로 돌아가는 것이 바로 하나님의 '의'다.

귀네

헤롯의 청지기인 구사의 **아내** 요안나와 수산나와 그밖에 다른 여자들이었다. 그들은 자기들의 재산으로 예수의 일행을 섬겼다. _ 눅 8:3

귀네는 '부인, 여성, 아내' 등을 뜻한다. 누가복음 8장 3절은 예수님의 제자 그룹 안에 여성들이 있었음을 알려주는 중요한 단초를 제공한다. 요안나는 누가복음에만 나오는 인물로, 헤롯의 청지기 구사의 아내로 소개되면서 귀족계급이었던 것으로 보인다. 수산나 역시 이곳에만 출현하는 제자지만, 예수님을 섬긴 여성으로 기록되고 있음을 주목해야 한다. 그밖에도 이름이 언급되지 않았지만 예수님을 따르고 있었던 많은 복수의 여성들이 제자 그룹에 있었음을 우리는 알 수 있다. 이 여성들 개개인을 알 수는 없지만, 그들은 초대 기독교 전통에서 반석과 같은 인물들이었을 것이다.

δεῖπνον 데이프논

잔치를 베풀 때에는 가난한 사람들과 지체에 장애가 있는 사람들과 다리 저는 사람들과 눈먼 사람들을 불러라. _ 눅 14:13

데이프논은 '잔치'를 말한다. 하루의 주된 식사를 의미하며, 이는 '식사를 하다, 만찬을 열다'라는 의미의 동사 데이프네오(δειπνέω)의 명사형이다. 식사 문화는 고대부터 현재까지 중요한 의미를 가지고 있다. 고대 지중해 문화에서는 같은 부류의 사람들끼리 식사를 하면서 서로에 대한 우정과 신뢰를 다졌다. 그리고 함께 식사한 사람들끼리 서로 이웃이 되거나 정치적 세력을 도모해 이익 공동체의 기반으로 삼기도 했다. 그러나 예수님께서는 잔치를 베풀 때는 자기에게 이익이 될 사람이 아닌, 아무것도 갚을 것이 없는 가난한 사람들과 장애인들을 부르라고 하신다. 이것은 그 당시 식사를 통한 이기주의 문화를 비판한 것이며, 하나님의 뜻이 무엇인지 알 수 있게 해주는 예수님의 말씀이다.

ἐπιούσιος 에피우시오스

오늘 우리에게 **필요한** 양식을 내려주시고. _ 마 6:11

에피우시오스는 '필요한'이라는 뜻을 가진 형용사다. '~ 위에'라는 전치사 에피(ἐπί), 그리고 존재를 의미하는 우시아(οὐσία)의 합성어로 '존재를 위해 필수적인'이라는 의미다. 그밖에 '오늘을 위한, 오는 날을 위한, 날마다'의 뜻도 가지고 있다. 예수님께서 가르쳐주신 주기도문은 날마다 우리에게 필요한 양식을 내려달라고 기도할 것을 명한다. 우리에게 필요한 모든 것은 하나님께로부터 온다. 매일매일 우리에게 필요한 것이 무엇인지 기도하고, 우리에게 진정으로 필요한 것을 날마다 내려주시길 기도하자.

ὀφείλημα 오페이레마

우리가 우리에게 **죄** 지은 사람을 용서하여준 것같이 우리의 **죄**를 용서하여주시고. _ 마 6:12

오페이레마는 '죄'를 말한다. 사실 일반적인 '죄'를 의미하는 통합적인 헬라어 단어는 하마르티아(ἁμαρτία)다. **오페이레마**는 문자적으로는 '빚'을 뜻한다. 그러므로 마태복음에서 전달된 주기도문에 의한 문자적 해석은 우리가 우리에게 빚을 진 사람을 탕감해준 것같이 우리의 빚을 용서해달라는 것이다. 이것은 우리에게 빚진 사람들을 우리가 용서했다는 것을 전제로 한다. 우리도 하나님께 빚진 것들이 있는데, 그것을 우리가 갚지 못하니 대신 우리에게 빚진 사람들을 탕감해주고 용서해주는 것같이 하나님 앞에서 우리가 빚진 것들을 탕감하고 용서해달라는 기도인 것이다.

σήμερον 세메론

오늘 우리에게 필요한 양식을 내려주시고. _마 6:11
예수께서 그에게 말씀하셨다. "**오늘** 구원이 이 집에 이르렀다. 이 사람도 아브라함의 자손이다." _ 눅 19:9

세메론은 '오늘'을 뜻한다. 하나님의 우리를 향한 삶의 경제 원칙은 내일을 위해 무엇을 쌓아놓기보다는 날마다 '오늘' 하루에 충실한 삶을 사는 것이다. 이것은 이스라엘의 광야의 만나 훈련에서 이미 보여졌다. 그러므로 우리는 날마다 오늘 필요한 것들을 위해 기도해야 할 것이다. 예수님께서는 삭개오가 자신의 재산 절반을 가난한 사람들에게 나눠주고, 잘못된 방법으로 재산을 빼앗은 일이 있다면 4배로 되갚아주겠다고 고백했다. 이에 예수님께서는 '오늘' 구원이 삭개오의 온 집에 이르렀다고 말씀하신다. 여기에서의 '오늘'은 바로 지금, 이 순간을 뜻한다. 아브라함의 자손으로 확인받는 구원의 즉각성은 삭개오의 회개에서 볼 수 있듯이 하나님의 뜻으로 우리 삶을 돌이키는 것임을 알 수 있다.

πρόβατον 프로바톤

나는 선한 목자이다. 나는 내 **양**들을 알고, 내 **양**들은 나를 안다. 그것은 마치, 아버지께서 나를 아시고, 내가 아버지를 아는 것과 같다. 나는 **양**들을 위하여 내 목숨을 버린다. _ 요 10:14-15

프로바톤은 '양'을 뜻한다. 지중해의 유목문화에서 예수님께서는 자신을 선한 목자로, 하나님의 자녀들을 양으로 비유해 설명하신다. 양들은 가시거리가 길지 않아서 반드시 목자가 필요하다. 목자의 인도함을 받는 양들은 자신을 아끼는 목자의 음성을 날마다 듣기 때문에 잘 알고 있다. 이처럼 우리 역시 이 험난한 세상에서 지내기 위해서는 우리를 인도해주실 목자가 필요하다. 그리고 그 목자가 되기 위해 예수 그리스도께서 오셨다. 양들이 목자를 알고 목자가 양을 아는 관계를 하나님께서 예수님을, 예수님께서 하나님을 아는 관계로 말씀하시고, 또 예수님과 우리의 관계로 말씀하신다. 즉 양들을 위해 목숨을 버리는 선한 목자의 사랑을 말씀하신 것이다.

μεγαλύνω 메갈뤼노

그리하여 마리아가 말하였다. "내 영혼이 주님을 **찬양하며** 내 마음이 구주 하나님을 좋아함은, 그가 여종의 비천함을 보살펴주셨기 때문입니다." _ 눅 1:46-48

메갈뤼노는 '찬양하다, 크게 하다, 위대하게 하다, 영광을 돌리다' 등의 뜻이 있다. **메갈뤼노** 앞의 접두어 메가(μέγα)는 '큰'이라는 의미의 형용사다. 이 노래는 소위 마리아의 찬가의 서두이며, **메갈뤼노** 동사로 시작된다. 마리아가 '크게 찬양하다, 하나님을 위대하게 하다, 하나님께 영광을 돌리다'라는 의미로, 이 찬양시는 라틴어로 'Magnificat'이라고 부른다. 마리아는 수태고지를 받은 후 자신의 친척 엘리사벳을 찾아간다. 엘리사벳과 태중의 요한은 마리아와 메시아의 존재를 인지하고 하나님께 영광을 돌린다. 그때 마리아는 답가로 이 찬양시를 하나님께 바친다.

ἀρχιερεύς 아르키에류스

그래서 **대제사장**이 한가운데 일어나서, 예수께 물었다. "이 사람들이 그대에게 불리하게 증언하는데도, 아무 답변도 하지 않소?" _ 막 14:60

아르키에류스는 '대제사장'을 말한다. '우두머리, 최고의 지배자'라는 뜻의 아르콘(ἄρχων), 그리고 제사장을 뜻하는 히에류스(ἱερεύς)가 합쳐져 최고의 제사장, 즉 '대제사장'이다. 대제사장은 제사장들 중에 최고의 지도자이며, 그 시대를 대표하는 하나님의 종이라고 할 수 있다. 그러나 대제사장조차도 예수님을 메시아로 알지 못했고, 오히려 예수님을 심문하며 하나님의 뜻을 전혀 인지하지 못한 채 죄를 저지르고 있다. 최고의 종교 지도자라 할지라도 하나님의 뜻을 모를 수 있고, 오히려 하나님을 거스르는 행위를 할 수도 있다. 그러므로 가장 중요한 것은 하나님 앞에 겸손하게 주님의 뜻을 묻고 듣고자 하는 자세다.

ὅπου 호푸

너희의 재물이 있는 **곳**에 너희의 마음도 있을 것이다. _ 눅 12:34

호푸는 어떤 장소, 상황을 나타내는 부사다. 영어의 'where, whereas, while'과 같은 기능을 한다. 예수님께서는 하나님과 맘몬을 동시에 섬길 수 없다면서, 우리의 재물이 있는 곳에 마음도 함께 있다고 말씀하신다. 인간의 마음을 잘 파악하고 계신 예수님께서 실질적으로 우리가 맘몬의 세력을 견제하며 살 것을 지적하신 것이다. 재물의 사용 내역을 살피면 그 사람을 알 수 있다. 우리의 마음이 담겨 있는 재물의 사용 내역은 무엇인가? 예수님께서는 우리의 재물에 관한 관심이 재물을 쌓는 것에만 온 힘을 다하다가 하루 아침에 영혼을 잃어버린 어리석은 부자나, 나사로를 돌보지 않아 지옥에 가는 부자와 같지 않길 원하신다.

ζύμη 쥐메

예수께서 다시 말씀하셨다. "하나님나라를 무엇에다가 비길까? 그것은 **누룩**의 다음 경우와 같다. 어떤 여자가 **누룩**을 가져다가, 가루 서 말 속에 섞어 넣었더니, 마침내 온통 부풀어올랐다." _ 눅 13:21

쥐메는 '누룩'을 말한다. 누룩은 빵을 부풀릴 때 사용하던 효모다. 성경에서는 이 누룩을 긍정적 의미와 부정적 의미로 모두 사용하고 있다. 긍정적 의미로는 위의 말씀처럼 작은 누룩이 부풀어올라 큰 부피의 빵을 만드는 것처럼, 하나님나라가 어떠한 모양으로든 작게 시작할지라도 하나님께서 역사하셔서 큰 결과를 가져오게 하신다는 것이다. 이때 누룩은 우리의 작은 기도나 이웃을 위한 작은 배려일 수 있고, 우리가 매일 묵상하는 성경 읽기일 수도 있다. 부정적인 의미에서 사용되는 누룩은 바리새인과 서기관들의 잘못된 가르침처럼 우리가 주의해야 할 누룩이다. 적은 누룩이 또한 우리에게 나쁜 영향력으로 발휘될 수 있기 때문이다.

καθεύδω 카뜌도

그러므로 우리는 다른 사람들처럼 **잠자지** 말고, 깨어 있으며, 정신을 차립시다. _ 살전 5:6

카뜌도는 '잠자다'라는 뜻을 가진다. '깨어 있는 상태를 방해하다, 영적으로 무디다, 무관심하다, 죽다' 등의 의미가 있다. 눈을 뜨고 있다고 해서 보아야 할 것을 보는 것은 아니며, 듣고 있다고 들어야 할 것을 듣는 것도 아니다. 마찬가지로 잠자지 않고 깨어 있다고 해서 진정으로 깨어 있다고 볼 수 없다. 바울은 영적으로 무디어진 채 있지 말고, 영적으로 깨어 정신을 차리고 보아야 할 것, 들어야 할 것, 행해야 할 것을 하라고 권고한다. 우리가 영적으로 잠자지 않기 위해, 무뎌지지 않기 위해 해야 할 것들은 역시 기도와 말씀을 통해 하나님의 뜻을 경청하고 실천하는 것이다.

ἐπιτρέπω 에피트레포

지금 나는, 지나가는 길에 잠깐 들러서 여러분을 만나보려는 것은 아닙니다. 주님께서 **허락해주시면**, 얼마 동안 여러분과 함께 머무르고 싶습니다. _ 고전 16:7

에피트레포는 '허락하다'를 뜻한다. 그밖에 '가르치다, 명령하다'의 뜻도 있다. 에피(ἐπί)는 '~ 위에, ~ 에 대하여'라는 의미의 전치사로, '행동하도록 지도하다'라는 뜻의 트레포(τρέπω)와 합성어다. 문자적으로는 '~에 관하여 행동하도록 지도하다'라는 뜻이다. 우리가 숨을 쉬며 이렇게 살아가는 것도 하나님의 허락하심이 있기에 가능하다. 하나님께서 가르치고 명령하며 지도하는 일에 나의 눈과 귀와 마음이 움직일 수 있기를, 아울러 나의 작은 바람들에 주님의 허락하심이 있기를 기도하자.

λίθος 리또스

주님께 나아오십시오. 그는 사람에게는 버림을 받으셨으나, 하나님께는 택하심을 받은 살아있는 귀한 **돌**입니다. _ 벧전 2:4

리또스의 의미는 '돌'이다. 일반적인 돌을 의미할 때도 있고, 귀한 보석 같은 돌을 의미할 때도 **리또스**를 사용한다. 예수님의 무덤을 막았던 돌도 **리또스**로 표현되었다. 큰 바위, 반석, 돌덩이를 말할 때는 페트라(πέτρα)라는 단어를 쓴다. 베드로전서에서 예수님을 살아 있는 돌로 설명할 때는 보석의 돌로 사용된 것 같다. 예수님께서는 사람들에게는 버림을 받았으나 하나님께서는 택하심을 받은 귀한 보석이라고 설명한 것이다. 그러한 주님께 우리가 나아가 용서를 구하며, 우리를 참아주고 구원해주신 은혜에 감사를 드리자.

ναός 나오스

예수께서 **성전**이라고 하신 것은 자기 몸을 두고 하신 말씀이었다.
_ 요 2:21

나오스는 '성전'이다. 다윗은 하나님께서 머물며 사람들의 기도를 들으시는 장소로 예루살렘 성전을 짓기를 원했다. 하나님은 한 장소에 국한되는 분은 아니지만, 사람을 위하여 성전 짓기를 허락하신다. 그러나 다윗이 피를 많이 흘렸기 때문에, 다윗의 아들 솔로몬을 통해 성전을 짓도록 허락하셨고, 그 이후 예루살렘 성전은 하나님께서 계시는 장소를 상징했다. 그러나 예수님께서 예루살렘 성전 제도를 보았을 때는 곧 망해야 마땅할 심판의 대상이었으므로, 바로 예수님 자신이 하나님의 성전임을 알리셨다. 지금은 바로 우리 몸이 하나님께서 거하시는 거룩한 성전이고, 교회는 그런 사람들의 모임이다.

ἄνωθεν 아노뗀

그러나 **위에서** 오는 지혜는 우선 순결하고, 다음으로 평화스럽고, 친절하고, 온순하고, 자비와 선한 열매가 풍성하고, 편견과 위선이 없습니다.
_ 약 3:17

아노뗀의 뜻은 '위에서'이다. 그밖에 '시작부터, 오랫동안, 다시 새로워지는 순간에' 등의 의미가 있다. 성경은 우리가 살아가기 위한 지혜는 하나님을 경외하는 것으로부터 오는 것이라고 말한다. 하나님을 경외할 때 우리에게 주시는 지혜는 순결하고, 평화롭고, 친절하고, 온순하며, 자비와 선한 열매가 풍성하고, 편견이나 위선이 없는 것이라고 야고보서는 설명한다. 우리에게 이러한 '위로부터' 축복으로 내려주시는 지혜를 품을 수 있도록 영적인 성숙을 이루어가야 할 것이다.

σπείρω 스페이로

정의의 열매는 평화를 이루는 사람들이 평화를 위하여 그 **씨를 뿌려서** 거두어들이는 열매입니다. _ 약 3:18

스페이로의 뜻은 '씨를 뿌리다, 흩뜨리다, 분산하다' 등이다. 사랑, 정의, 평화는 하나님의 대표적 속성이며 서로 연결되어 있는 것을 특징으로 한다. 즉 사랑은 정의로 연결되며, 정의는 궁극적으로 평화를 위한 것이다. 어떤 나무의 열매도 그냥 열리는 것은 없다. 반드시 씨를 뿌려야 하는 것처럼 이 악한 세상에서 정의의 열매는 그냥 수고 없이 열리는 것이 아니다. 평화는 하나님의 자녀들이 평화를 위해 열심히 애쓰고 노력해 그 결과로 거두어들일 수 있다. 하나님의 사랑이 정의로 이어지며, 정의가 완성되었을 때 진정한 하나님의 평화가 이루어진다는 것을 소망하고 기도하며 씨를 뿌리는 노력을 해보자.

καταπέτασμα 카타페타스마

예수께서는 큰 소리를 지르시고서 숨지셨다. (그때에 성전 **휘장**이 위에서 아래까지 두 폭으로 찢어졌다.) _ 막 15:37-38

카타페타스마는 '휘장'을 말한다. 문자적으로는 '아래로 내리워진 커튼'이란 뜻이다. 성전에서 휘장은 모세의 법궤가 있었던 지성소와 일반 성소의 사이를 가르는 표시로 내리워졌다. 어떤 학자는 이 휘장이 성전 바깥에 드리워졌던 장막이라고 주장한다. 일반적으로 예수님께서 십자가에서 운명하실 때, 찢어진 **카타페타스마**는 지성소와 성소를 구분했던 휘장으로 여겨진다. 예수님 이전에는 대제사장만이 들어갈 수 있는 거룩한 장소였으나, 예수님 이후에는 누구나 하나님께로 직접 나아올 수 있으며, 직접 하나님을 만나고 예배드릴 수 있다는 신학적 의미를 가지고 있다.

θεωρέω 떼오레오

여자들도 멀찍이서 **지켜보고** 있었는데, 그들 가운데는 막달라 출신 마리아도 있고 작은 야고보와 요세의 어머니 마리아도 있고 살로메도 있었다. _ 막 15:40

떼오레오의 뜻은 '지켜보다'이다. '무엇을 주의깊게 관찰하다, 이해하다, 찾다, 인식하다' 등의 의미가 있다. 예수님께서 십자가에 달리자 측근 남성 제자들이 자신도 잡힐까봐 두려워 모두 도망갔던 반면, 여성 제자들은 끝까지 예수님을 따랐다. 멀찍이서 예수님께서 십자가에 달리신 것을 지켜보았고, 그들 가운데는 막달라 마리아, 예수님의 어머니 마리아, 그리고 살로메 및 다른 무리의 여성들이 있었다. 결국 이들 가운데 막달라 마리아를 비롯한 몇몇 여성들은 예수님의 부활도 처음 목격하고, 마침내 예수님의 증인들이 되었다.

ῥῆμα 레마

그러면 그것은 무엇을 뜻합니까? "하나님의 **말씀**은 네게 가까이 있다. 네 입에 있고, 네 마음에 있다" 하는 **말씀**이 있습니다. 이것은 우리가 전파하는 믿음의 **말씀**입니다. _ 롬 10:8

레마는 '말씀'을 말한다. 그밖에 '표현, 말해진 사건, 대상, 진술' 등을 뜻한다. 하나님의 뜻이 담겨진 말, 진술, 표현을 **레마**라 한다. 하나님의 **레마**는 늘 우리에게 가까이 있는 말씀이다. 우리의 입에 있고 우리의 마음에 있어서, 찾고자 하면 우리가 듣고 깨달을 수 있을 만큼 가까이 있는 것이 하나님의 말씀이다. 하나님께서 우리의 입과 마음에 넣어두셔서 전파하고자 하시는 **레마**의 내용은 무엇일까 귀기울여보자.

στόμα 스토마

내가 여러분에게 쓸 말이 많지만, 그것을 종이와 먹으로 써보내고 싶지 않습니다. 내가 바라는 것은, 여러분에게 가서, **얼굴을 마주보고** 말하여, 우리의 기쁨을 넘치게 하는 것입니다. _ 요이 1:12

스토마는 원래 '입, 구멍, 돌출 부분'을 뜻하는 단어다. 예수님께서 "입을 열어서 그들을 가르치셨다"(마 5:2)라는 표현에서 사용된 '입'을 뜻한다. 요한이서 1장 12절의 원어는 "στόμα πρὸς στόμα"(**스토마** 프로스 **스토마**)로, 문자적으로는 '입으로부터 입으로'라는 뜻을 가지고 있고, 우리말 성경은 이것을 의역해 "얼굴을 마주보고"로 표현했다. 요한이서의 저자는 편지의 수신자들에게 할 말이 많았지만, 직접 보고 전달하고 싶었다. 그것이 훨씬 더 효과적이며, 서로 오고가는 복음의 내용 가운데 기쁨을 더할 수 있다는 것을 확신했기 때문이다.

ἕτερος 헤테로스

내가 너희에게 말한다. 그날 밤에 두 사람이 한 잠자리에 누워 있을 터이나, 한 사람은 데려가고, **다른 한 사람**은 버려둘 것이다. _ 눅 17:34

헤테로스는 '다른, 또 하나의' 의미를 가지고 있는 형용사다. 영어로는 'another'의 뜻이다. 종말에 관한 비유에서 마지막 심판 때에, 함께 살았던 사람들일지라도 그들 중에 한 사람은 하나님께서 구원해주시고, 다른 한 사람은 그렇지 못할 수 있다는 경고의 말씀이다. 그러므로 한 가족, 가까운 지인, 친척들이라도 서로 다른 심판을 받을 수 있다는 것이며, 그렇게 되지 않기 위해서 서로 격려하고 경고하며 하나님의 뜻을 따라 살아야 할 것이다.

ὕψιστος 휘프시스토스

복되시다, 주님의 이름으로 오시는 임금님! 하늘에는 평화, 지극히 **높은** 곳에는 영광! _ 눅 19:38

휘프시스토스는 '높은'이라는 뜻의 형용사다. 공간적, 물리적 위치의 높은 곳을 의미하기도 하고, 어떠한 사회적 위치나 계급의 높음을 뜻하기도 한다. 하나님의 존재를 대표해 오시는 우리 왕 메시아이신 예수 그리스도는 바로 하나님나라의 평화를 위해 오셨으며, 지극히 높으신 하나님께 영광이 되는 존재다. 하나님의 본성과 같은 높은 분이 자신의 것을 다 내려놓고 인간과 같은 모습으로 오셨다. 그리고 우리와 함께 해주시고, 우리의 죄를 대신해 십자가에 달려 돌아가시고, 또 우리를 위해 부활해 죄로부터의 승리를 보여주신 분이 바로 예수 그리스도다.

συνέχω 쉰에코

그리스도의 사랑이 우리를 **휘어잡습니다**. 우리가 확신하기로는, 한 사람이 모든 사람을 위하여 죽으셨으니, 모든 사람이 죽은 셈입니다.
_ 고후 5:14

쉰에코는 '휘어잡다'라는 뜻이다. '~와 함께'라는 전치사 쉰(συν), 그리고 '가지다'의 동사 에코(ἔχω)의 합성동사로, '에워싸다, 지배하다, 다스리다, 지키다' 등의 의미가 있다. 그리스도의 사랑이 우리를 둘러 에워싸고 있는 것이다. 그 사랑이 우리를 다스리고 지키며 인도하신다. 우리를 소유한 그리스도의 사랑은 우리를 위해 대신 죽으심으로 그것을 확증하셨고, 다시 우리를 위해 살아나셔서 생명의 길을 열어주셨다. 우리를 에워싸고 있는 그리스도의 사랑 안에서, 우리는 앞으로, 뒤로, 양옆으로 가더라도 주님이 우리를 품고 계시기에 두려워할 필요가 없다.

διό 디오

그러므로 하나님께서는, 사람들이 마음의 욕정대로 하도록 더러움에 그대로 내버려두시니, 서로의 몸을 욕되게 하셨습니다. _롬 1:24

디오는 '그러므로'라는 결과를 보여주는 연결부사다. '이러한 이유 때문에'라는 의미도 가지고 있으며, 귀납적인 서술의 양식에서 쓰인다고 하겠다. 하나님께서는 아담과 하와 이후, 죄악이 가득한 세상에 대해 인간 창조를 후회하실 만큼의 진노로 노아의 시대에 심판을 가하셨다. 홍수로 심판하신 후 조금 달라질 인간 세상을 기대하셨으나, 역시 그렇지 않은 사람들을 보면서 이제는 그냥 내버려두기로 결정하신 것이다. 하나님을 떠난 사람들의 세상은 죄악으로 가득했고, 하나님께서는 당신의 사람들을 통해 경고와 심판의 메시지를 계속 보냈지만 소용없었다. 그리하여 결국 하나님께서는 예수 그리스도를 보내실 수밖에 없었고, 그분의 죽음과 부활을 통해 인간들이 깨닫기를 원하셨다.

σκληρύνω 스클레뤼노

그러므로 성령이 이와같이 말씀하셨습니다. "오늘 너희가 그의 음성을 듣거든, 너희 조상들이 광야에서 시험받던 날에 반역한 것과같이, 너희 마음을 **완고하게 하지** 말아라." _히 3:7-8

스클레뤼노는 '완고하게 하다'라는 말이다. 어떤 정보나 지식을 거부하면서 양보하지 않고 고집을 피우는 상태를 뜻할 때 사용한다. 성경에서는 하나님의 말씀을 듣지 못하고 자기 고집대로 하며 하나님의 뜻을 거스르는 상태를 표현할 때 사용한다. 광야에서 훈련받던 이스라엘은 주변의 환경과 상황에 사로잡혀 믿음 없는 반응을 보이고 하나님을 실망시킨 적이 많았다. 마음이 완고해지는 것을 피하기 위해서는 내가 처해 있는 상황에 굴복하지 말고, 하나님을 바라보며 기도해야 할 것이다. 그리고 하나님의 음성을 들을 때 감사하는 마음으로 우리의 완고함을 피해야 할 것이다.

βλασφημέώ 블라스페메오

내가 진정으로 너희에게 말한다. 사람들이 짓는 모든 죄와 그들이 하는 어떤 **비방**도 용서를 받을 것이다. 그러나 성령을 **모독하는** 사람은 용서를 받지 못하고, 영원한 죄에 매인다. _ 막 3:28-29

블라스페메오는 '비방하다, 중상모략하다, 명성을 떨어뜨리다' 등의 뜻을 가진다. 영어의 blaspheme(비방하다)이 이 동사에서 왔다. 예수님 당시, 유대 지도자들을 비롯한 많은 사람들이 예수님을 번번히 비방했다. 예수님께서는 그들의 비방을 괘념치 않거나 되돌려 받아치거나, 아무 대응도 안 하거나 다 받아주시기까지 하셨다. 그러나 예수님께서는 단호하게 성령께서 하시는 일을 중상모략하거나 비방하는 사람은 용서받지 못하고 영원한 죄에 매이게 된다고 말씀하셨다. 성령을 모독하는 일이란 하나님께서 하신 일을 제대로 알아보지 못하고 하나님의 명예를 떨어뜨리는 일이다. 우리도 그러한 시험에 빠지지 않도록 늘 조심하자.

αὐξάνω 아우크사노

그는 **홍하여야 하고**, 나는 쇠하여야 한다. _ 요 3:30

아우크사노의 뜻은 '홍하다, 모든 면에서 더 위대하게 되다, 자라다, 발전하다, 확장하다' 등이다. 세례 요한이 예언자로 활동할 당시, 많은 사람들이 그를 따르며 그가 메시아일 수도 있다고 믿었다. 그러나 세례 요한은 자신은 메시아가 아니라고 강하게 부인하며, 자신을 광야의 외치는 소리이며, 주의 길을 준비하는 자라고 규정했다. 더욱이 메시아와 자신과의 관계에 대해 주님은 홍해야 하고, 자신은 쇠해야 한다고 말함으로써 자신의 위치를 명확히 인식했으며, 사람들의 부추김에 흔들리지 않는 겸손함을 보였다. 세례 요한처럼 우리도 나의 자리를 명확히 알고 주님의 위대하심과 그분의 길을 전하고 준비하는 광야의 소리가 될 수 있기를 기도하자.

ὑποτάσσω 휘포타쏘

그러므로 진노를 두려워해서만이 아니라, 양심을 생각해서도 **복종해야 합니다**. _ 롬 13:5

휘포타쏘는 '복종하다, 순종하다'라는 뜻이다. 이 단어는 '~ 아래에'라는 전치사 휘포(ὑπό), 그리고 '명령하다, 지도하다, 정리하다, 제자리에 놓다' 등의 의미가 있는 타쏘(τάσσω)의 합성어다. 로마서 13장은 바울이 권력에 관한 원칙적인 진술을 하고 있다. 그것은 하나님께서 모든 권력을 주신다는 것, 그 권력은 하나님의 뜻을 이행하기 위해 하나님께서 주신다는 것, 그 권력 아래 사람들은 복종해야 한다는 것이다. 그러나 우리가 구약의 왕들에서도 보듯이 하나님의 뜻에 따라 행하지 않는 권력은 심판받거나 하나님께서 거두어가셨다. 우리는 세상 권력에 대한 분별력이 필요하다. 세상 권력이 하나님의 뜻을 이행하고 있는지 잘 살필 필요가 있으며, 거기에 무조건 복종해야 한다는 뜻은 아님을 알아야 한다.

ἀνάγκη 아낭케

각자 마음에 정한 대로 해야 하고, 아까워하면서 내거나, **마지못해서** 하는 일은 없어야 합니다. 하나님께서는 기쁜 마음으로 내는 사람을 사랑하십니다. _ 고후 9:7

아낭케는 '필요, 강제, 압박, 고통의 상태, 문제, 불행, 재난' 등의 의미가 있다. 하나님께서는 어려운 이웃을 위해 돕는 것을 기뻐하신다. 고린도 교회는 물질적으로 어려움을 겪고 있는 예루살렘 교회를 위해 물질을 걷고 있었다. 바울은 이러한 선한 일에 각자 마음에 정한 대로 해야 하고, 아까워하면서 내거나 억지로 또는 마지못해서, 압박으로 인해 내는 일은 없어야 한다고 조언한다. 그리고 하나님께서는 기쁜 마음으로 자선하는 사람을 사랑하신다고도 조언한다. 우리도 이러한 자선을 베풀 때 규모 있고 계획성 있게 진행하되 억지로 하지 않고, 기쁜 마음으로 해야 할 것이다. 하나님께서는 그 사람의 마음을 기쁘게 받을 것이다.

εὐωδία 유오디아

우리는, 구원을 얻는 사람들 가운데서나, 멸망을 당하는 사람들 가운데서나, 하나님께 바치는 그리스도의 **향기**입니다. _ 고후 2:15

유오디아의 뜻은 '향기, 아로마, 달콤한 냄새'다. 구약의 제사들 중 번제는 제물을 태워 그 냄새를 하나님께로 올라가게 하는 것이었다(레 1:3 참조). 이제 예수 그리스도께서 우리를 위해 십자가에서 단번에 죽으심으로 인해 우리는 더 이상 하나님께 어떠한 희생제물을 드리지 않아도 된다. 그러나 이제는 우리 삶 전체가 하나님께 바치는 제물이다. 그 삶의 내용은 바로 그리스도의 향기가 드러나는 삶이어야 하며, 그리스도의 향기란 예수님께서 사셨던 그 삶의 내용을 따라가는 것이다. 우리 삶의 내용이 모든 사람에게 그리스도의 향기가 나는 삶으로 하나님께 드려져야 할 것이다.

ἀπόλλυμι 아폴뤼미

그 불법자의 나타남은 사탄의 작용에 따른 것인데, 그는 온갖 능력과 표징과 거짓 이적을 행하고, 또 온갖 불의한 속임수로 **멸망을 받을** 자들을 속일 것입니다. 그것은, **멸망을 받을** 자들이 자기를 구원하여줄 진리에 대한 사랑을 받아들이지 않기 때문입니다. _ 살후 2:9-10

아폴뤼미는 '멸망하다, 파괴하다, 죽다, 잃어버리다' 등의 뜻이다. 누가복음 15장에서 잃어버린 어린 양, 잃어버린 동전, 잃어버린 아들을 설명할 때도, **아폴뤼미** 동사가 사용되고 있다. 불의한 속임수로 사탄은 잃어버린 자들, 원래 멸망받을 자들을 계속 속인다는 것이다. 그리고 이들이 사탄의 관심 대상이 되는 이유는 자기를 구원해줄 예수 그리스도를 통한 하나님의 사랑을 받아들이지 않기 때문이라고 설명한다. 예수님은 잃어버린, 즉, 멸망을 받을 자 한 사람이라도 구원하기 위해 열심히 찾는 목자 같은 분이다. 그분께 돌아간다면 우리는 멸망을 피할 수 있다.

γρηγορέω 그레고레오

기도에 힘을 쓰십시오. 감사하는 마음으로 기도하면서, **깨어 있으십시오.**
_ 골 4:2

그레고레오에는 '깨어 있다, 살아 있다, 조심하다, 지속적으로 준비가 되어 있다, 경고를 의식하다' 등의 뜻이 있다. 종말을 살아가는 그리스도인들에 대한 권고는 기도에 힘을 쓰라는 것이다. 기도는 하나님과의 소통이자 연결통로다. 기도에 힘을 쓰라는 것은 하나님과 함께함에 힘을 쓰라는 의미다. 그렇게 기도할 때는 감사한 마음으로 할 것을 권고하고 있고, 감사하는 마음으로 기도하는 일은 바로 그리스도인들의 살아있음을 증명하는 것이다. 깨어 있기 위해서는 감사하며 기도할 것을 배우는 하루가 되자.

περιποίησις 페리포이에시스

그러나 여러분은 택하심을 받은 족속이요, 왕과 같은 제사장들이요, 거룩한 민족이요, 하나님의 **소유**가 된 백성입니다. 그래서 여러분을 어둠에서 불러내어 자기의 놀라운 빛 가운데로 인도하신 분의 업적을, 여러분이 선포하는 것입니다. _ 벧전 2:9

페리포이에시스의 뜻은 '소유'다. '안전의 경험, 안전을 유지하기, 구원의 경험' 등의 뜻을 내포한다. '~에 관해'라는 전치사 페리(περί), 그리고 '행하다'의 동사 포이에오(ποιέω)의 합성명사로 '~ 에 대하여 행하다'라는 문자적인 뜻을 가진다. 즉 우리들은 하나님께 택함을 받은 족속, 왕과 같은 제사장, 거룩한 민족, 하나님께서 안전하게 소유하고 계신 백성으로 하나님께서 만들고 행하셨다는 뜻이다. 우리들이 이렇게 특별한 존재로 여김을 받을 수 있는 것은 우리를 어둠에서 불러내어 하나님의 빛으로 불러내신 예수님의 업적 때문이며, 우리는 이것을 선포할 사명을 가지고 있다.

οἰκοδομέω 오이코도메오

그러므로 여러분은 지금도 그렇게 하는 것과같이, 서로 격려하고, 서로 **덕을 세우십시오**. _ 살전 5:11

오이코도메오는 '세우다, 향상하도록 돕다, 능력 있게 하다, 구성하다' 등의 의미가 있다. '집'을 의미하는 오이코스(οἶκος), 그리고 '구성하다'의 동사 데모(δέμω)의 합성어로, '집을 구성하다'라는 문자적 의미를 가지고 있다. 집을 구성하는 데 필요한 것은 서로에 대한 위로와 격려, 사랑과 용서, 믿음과 인내다. 이러한 모든 것이 그리스도의 몸을 구성하는 덕이 된다. 그러므로 우리는 서로를 격려하고 서로의 덕을 세워주는 일에 열심을 낼 때 그리스도의 집이 완성되는 것임을 믿는다.

προΐστημι 프로이스테미

권면하는 사람이면 권면하는 일에 힘쓸 것이요, 나누어주는 사람은 순수한 마음으로, **지도하는** 사람은 열성으로, 자선을 베푸는 사람은 기쁜 마음으로 해야 합니다. _ 롬 12:8

프로이스테미는 '지도하다, 지도력을 발휘하다, 인도하다, 관심을 보이다, 도와주다, 돌보다' 등의 뜻이 있다. 문자적으로는 '~를 향하여'라는 전치사 프로스(πρός), 그리고 '세우다, 서다'라는 뜻의 동사 히스테미(ἵστημι)의 합성동사로, '~를 향하여 앞장서다, 앞으로 세우다'의 의미를 갖는다. 우리에게는 하나님께서 주시는 다양한 은사들이 있다. 그 중 지도력을 발휘하는 은사는 많은 사람들에게 영향력을 행사하는 것이므로 매우 중요한 은사다. 지도력의 은사는 지배력을 의미하는 것이 아니라, 섬기는 지도력이다. 앞장서서 모범을 보이고, 사람들이 함께 가도록 섬기는 지도력이라 하겠다.

ὑποταγή 휘포타게

여러분이 이 봉사의 결과로, 그들은 하나님께 영광을 돌릴 것입니다. 그것은 여러분이 하나님께 **순종하여**, 그리스도의 복음을 고백하고, 또 그들과 모든 다른 사람에게 너그럽게 도움을 보낸다는 사실이 입증되었기 때문입니다. _ 고후 9:13

휘포타게의 뜻은 '순종, 복종'이다. '순종하다, 복종하다'의 동사 휘포타쏘(ὑποτάσσω)의 명사형으로 '~ 아래서'의 전치사 휘포(ὑπό), 그리고 '기능하다, 역할을 수행하다'의 동사 타쏘(τάσσω)의 합성어로, '아래에서 역할을 수행하다'라는 문자적인 뜻을 가지고 있다. '순종'이란 하나님을 믿는 것에서 출발한다. 하나님께서 살아계시고 이 세상의 주인 되시며, 우리를 가장 잘 아셔서 하나님의 선하신 뜻과 영광을 위해 우리 삶을 인도하신다는 믿음이 전제되어야 이러한 순종이 자연스럽게 우리 안에서 생겨난다. 우리가 모든 다른 사람들을 위해 너그럽게 도움을 보내고 봉사하는 것은 하나님께 영광을 돌리는 일이다. 그것은 또한 우리가 하나님을 온전히 신뢰하고 순종하고 있다는 증거이기도 하다.

σπουδή 스푸우데

사랑하는 여러분, 나는 여러분에게 우리가 함께 가진 구원에 관해서 편지를 써보내려고 여러 가지로 **애쓰고 있었습니다**. 그러던 참에 나는 이제 여러분에게 성도들이 단번에 받은 그 믿음을 지키기 위하여 싸우라고 권하는 편지를 당장 써야 할 필요가 생겼습니다. _ 유 1:3

스푸우데는 '애씀'을 뜻한다. 그밖에 '동작을 빠르게 함, 속도를 냄, 서두름, 열성, 헌신, 부지런함' 등의 의미가 있다. 초대 기독교의 사도들을 비롯해 모든 하나님의 백성들이 복음에 열정을 가지고 애쓰며 수고하여 헌신했다. 그들의 섬김과 수고의 열매를 우리가 받게 되었고 감사함으로 누리게 되었다. 그들이 남겨준 '애씀'의 유산을 우리가 어떻게 이어갈 수 있을까? 우리가 살아가는 하나님나라의 현재와 미래를 위해 우리도 수고와 헌신의 애씀을 지속해야 할 것이다.

ὁμολογία 호모로기아

믿음의 선한 싸움을 싸우십시오. 영생을 얻으십시오. 하나님께서는 영생을 얻게 하시려고 그대를 부르셨고, 또 그대는 많은 증인들 앞에서 훌륭하게 신앙을 **고백하였습니다**. _ 딤전 6:12

호모로기아는 '고백, 충성의 말, 공언' 등을 뜻한다. '공동, 공통'을 뜻하는 접두어 **호모**(ὁμο-), 그리고 말을 의미하는 로고스의 복수형태 **로기아**(λογία)의 합성어다. **호모로기아**는 혼잣말이 아니라 많은 사람 앞에서, 또는 많은 사람들이 동의하는 말을 언급하는 것이다. 하나님을 아는 것은 영원한 생명을 얻게 되는 구원의 길이다. 이것을 위해 우리는 믿음의 선한 싸움을 해야 한다. 그리고 우리의 언어와 삶이 많은 사람들 앞에서 이행하는 고백이 되어야 할 것이다. 오늘 우리가 이행하고 고백해야 하는 믿음의 선한 싸움은 무엇인가?

ἀγωνίζομαι 아고니조마이

너희는 좁은 문으로 들어가기를 **힘써라**. 내가 너희에게 말한다. 들어가려고 해도 들어가지 못하는 사람이 많을 것이다. _ 눅 13:24

아고니조마이는 '힘쓰다, 싸우다, 시합에 나가다, 고투하다, 노력하다' 등의 뜻이 있다. 많은 사람들이 넓고 편한 삶의 길로 가려 하지만, 예수님께서는 하나님나라의 길이 그렇게 편하고 넓은 길이 아니라 불편할 수 있는 쉽지 않은 삶의 길임을 제시하신다. 또한 하나님나라의 길은 좁은 문을 통과해야 하고, 그냥 쉽게 들어갈 수 있는 것이 아니라, 힘쓰고 노력해야 한다고 말씀하신다. 마치 경주 시합에서 최선을 다해 노력해야만 하는 것처럼, 하나님나라로 가는 우리의 삶 역시 고군분투하며 애써야 하는 길임을 알려주신다.

μόνος 모노스

영생은 **오직 한** 분이신 참 하나님을 알고, 또 아버지께서 보내신 예수 그리스도를 아는 것입니다. _ 요 17:3

모노스는 '오직 하나의, 혼자의, 유일한, 홀로' 등을 뜻하는 형용사다. **모노스**가 동사형이 되면 모노오(μονόω)로, '홀로 있는 상태가 되다, 혼자 있다'의 뜻을 가진다. 영원한 생명은 오직 한 분이신 참 하나님을 아는 것에서 온다. 하나님께서는 또한 유일한 아들이신 예수 그리스도를 보내셨고, 우리가 하나님과 예수 그리스도를 아는 것에서 영생이 온다. '안다'라는 것은 단순히 머리로 지식 차원에서 아는 것을 넘어 관계로 아는 것을 뜻하며, 예수님을 통해 하나님과 관계하는 것, 이것이 바로 영원한 생명을 얻게 되는 구원의 길이다.

οἰκουμένη 오이쿠메네

그것은, 하나님께서 **세계**를 정의로 심판하실 날을 정해놓으셨기 때문입니다. 하나님께서는 자기가 정하신 사람을 내세워서 심판하실 터인데, 그를 죽은 사람들 가운데서 살리심으로, 모든 사람에게 확신을 주셨습니다. _ 행 17:31

오이쿠메네는 '세계'를 뜻한다. '집'이라는 명사 오이코스(οἶκος)에서 '살다'라는 동사 오이케오(οἰκεώ)가 나왔고, **오이쿠메네**는 오이케오의 여성수동태 분사형태의 명사다. 거주하는 지역, 지상의 세계, 로마제국의 영역을 뜻할 때도 이 단어가 사용되었다. 하나님께서는 이 세상을 정의의 잣대로 심판하신다. 이것은 미래뿐 아니라 현재에도 반영되며, 하나님께서 정하신 사람을 통해 이루어질 것이다. 그 예표가 바로 예수 그리스도의 부활이다. 예수님께서는 불의한 세상의 권력으로 인해 십자가에 달려 돌아가셨으나, 정의의 하나님께서 예수님을 살리심으로 그의 의로움을 나타내셨다.

κινέω 키네오

그러므로 네가 어디에서 떨어졌는지를 생각해내서 회개하고, 처음에 하던 일을 하여라. 네가 그렇게 하지 않고, 회개하지 않으면, 내가 가서 네 촛대를 그 자리에서 **옮기겠다**. _ 계 2:5

키네오는 '움직이다, 옮기다, 흔들다, 이리저리 다니다, 초래하다' 등의 뜻이 있다. 위의 요한계시록 2장 5절의 말씀은 요한계시록 2-3장에 기술되어 있는 일곱 교회에 보내는 편지들 중, 에베소 교회에 보내는 편지 내용이다. 에베소 교회는 고난과 핍박을 잘 견뎌내고 낙심한 적이 없는 칭찬받는 교회였다. 그럼에도 불구하고 잘못한 한 가지로 인해 책망을 받는데, 그것은 바로 그리스도에 대한 처음 사랑을 버린 일이다. 그리하여 어디에서 그 사랑이 식어졌는지 생각해서 회개하고, 처음의 열정과 헌신을 회복하라고 말씀하신다. 그렇지 않으면 천국에 마련된 자리가 옮겨질 수도 있다는 것이다.

πίπτω 피프토

그러므로 서 있다고 생각하는 사람은 **넘어지지** 않도록 조심하십시오.
_ 고전 10:12

피프토는 '넘어지다, 떨어지다, 엎드리다, 무너지다, 멸망하다, 쓰러지다' 등의 뜻이 있다. 우리 신앙의 삶은 항상 외줄을 타는 것처럼 긴장하고 마음을 놓아서는 안 된다. 왜냐하면 내가 잘 살고 있다고 자랑할 수 있을 때 언제든지 우리는 넘어지고 실패할 수 있기 때문이다. 그러므로 자족하지 말고 늘 조심하며 겸손하게 하나님의 은혜를 구하는 일에 힘쓰며 살아가야 한다. 일희일비하지 말고 늘 견고하게, 주님을 바라보는 신앙을 유지해야 할 것이다.

μακροθυμέω 마크로뛰메오

사랑은 **오래 참고**, 친절합니다. 사랑은 시기하지 않으며, 뽐내지 않으며, 교만하지 않습니다. _ 고전 13:4

마크로뛰메오는 '오래 참다'를 뜻한다. 그밖에 '불평 없이 견뎌내다, 기다리며 조용히 지내다, 지연되다' 등의 의미가 있다. '긴, 큰' 의미의 형용사 마크로스(μακρός), 그리고 '욕망하다, 바라다'의 뜻인 동사 뛰메오(θυμέω)의 합성동사로, '오랜 기간 동안 바라다'의 뜻이다. 그러므로 사랑이 **마크로뛰메오** 한다는 것은 오랫동안 바라봐주고, 참아내고, 기다려주는 것이다. 즉 사랑은 인내하는 것에서 출발한다는 것을 명심해야 한다. 그만큼 사랑한다는 것은 인내에서 시작된다. 하나님께서 우리에게 하나님을 사랑하는 방법으로 알려주신 이웃 사랑은 인내에서 출발하며, 친절하고 시기하지 않고, 뽐내지 않으며 교만하지 않는 것이다.

χρηστός 크레스토스

서로 **친절히** 대하며, 불쌍히 여기며, 하나님께서 그리스도 안에서 여러분을 용서하신 것과같이, 서로 용서하십시오. _ 엡 4:32

크레스토스는 '친절한, 도움이 되는, 선한, 좋아하는, 편안한' 등의 뜻을 가진 형용사다. 그리스도 안에서 형제자매가 된 사람들끼리 지켜야 하는 윤리는 서로에게 친절하고, 도움이 되어야 하며, 선하고 편안한 관계로 지내는 것이다. 그리고 서로의 약함을 인정해주고 불쌍히 여겨주면서 또 서로 용서해야 한다. 이러한 관계적 윤리는 한쪽만 지키는 것이 아니라, 양방이 모두 지킬 수 있다면, 성숙한 그리스도 공동체가 될 수 있을 것이다.

ζῆλος 젤로스

낮에 행동하듯이, 단정하게 행합시다. 호사한 연회와 술취함, 음행과 방탕, 싸움과 **시기**에 빠지지 맙시다. _ 롬 13:13

젤로스는 '시기, 질투, 열심, 열정' 등의 뜻이 있고, 영어에서 '질투'를 의미하는 jealousy가 이 단어에서 왔다. **젤로스**는 '~에 열성적이다, 간절히 사모하다'의 동사 젤로오(ζηλόω)의 명사형이다. 이 동사에서 유다의 종교분파 그룹 열심당을 뜻하는 '젤롯당'이 나왔다. 무엇인가에 대한 열정과 열심이 과하게 되면, 그것은 시기라는 감정으로 이어질 수 있다. 시기의 감정이 적당히 긍정적으로 작용하면, 나의 열심을 재촉해 성장의 기반이 될 수 있지만, 시기에 부정적으로 빠지게 되면 그것은 나를 파괴할 수 있는 단초가 되기도 한다. 사랑은 시기하지 않는 것이라고 가르치는 만큼 나와 상대방을 해할 수 있는 시기만큼은 피해야 한다.

διαστολή 디아스톨레

유대 사람이나, 그리스 사람이나, **차별**이 없습니다. 그는 모든 사람에게 똑같이 주님이 되어주시고, 그를 부르는 모든 사람에게 풍성한 은혜를 내려주십니다. _ 롬 10:12

디아스톨레는 '차별, 차이, 구분'을 뜻한다. '분리하다, 구분하다'의 동사 디아스텔로(διαστέλλω)의 명사형태다. '~를 통하여'의 전치사 디아(διά), 그리고 '간격을 유지하다, 피하다, 멀리 하다'의 뜻인 동사 스텔로(στέλλω)의 합성동사다. 그리스도 안에서는 성별, 젠더, 민족, 계급의 차별이 있어서는 안 된다. 인간은 모두 하나님 앞에 존엄하고 평등한 하나님의 형상을 가진 존재이기 때문이다. 이러한 인권사상이 발달하기 이전의 초기 1세기에 이러한 평등사상이 강조되었다는 것은 기독교의 대표적이며 획기적인 특성이라 하겠다.

κληρονόμος 클레로노모스

그러므로 여러분 각 사람은 이제 종이 아니라 자녀입니다. 자녀이면, 하나님께서 세워주신 **상속자**이기도 합니다. _ 갈 4:7

클레로노모스는 '상속자'다. '할당받은 몫, 분깃, 제비' 등을 의미하는 클레로스(κλῆρος), 그리고 '법'을 뜻하는 노모스(νόμος)의 합성명사로 '법으로 할당받은 사람', 즉 '상속자'를 의미한다. 노예제도로 이루어진 고대사회에서 하나님을 믿는 사람들을 '종'이 아닌 '자녀'로 삼아주셨다고 할 때 그 의미는 현대사회보다 훨씬 더 어마어마했다. 하나님의 자녀들은 하나님나라에서 하나님께서 세워주신 것들을 모두 상속받는 자들이다. 하나님나라의 선물로 주어진 것들을 받을 수 있는 상속자답게 우리 자신을 준비하자.

σκανδαλίζω 스칸달리조

나를 믿는 이 작은 사람 가운데서 하나라도 **걸려 넘어지게 하는** 사람은, 누구라도, 차라리 그 목에 큰 맷돌을 달고 깊은 바다에 빠지는 편이 낫다. _ 마 18:6

스칸달리조는 '걸려 넘어지다'라는 말이다. 그밖에 '죄를 저지르게 하다, 충격을 주다, 공격하다, 화나게 하다' 등의 의미가 있다. 영어의 scandal이 이 **스칸달리조** 동사에서 왔다. 예수님께서는 세상의 기준에서 '작은 사람'이라 여겨지는 자들을 소중하게 여기셨을 뿐 아니라 예수님과 동일시하셨다. 그리하여 작은 사람에게 한 것이 곧 예수님에게 한 것이라고 말씀하셨다. 예수님께서는 예수님을 믿는 작은 한 사람에게 죄를 저지르게 하거나 공격하거나 걸려 넘어지게 하는 사람은, 누구라도 차라리 큰 맷돌을 목에 달고 바다에 빠지는 편이 낫다고까지 말씀하신다. 그만큼 우리 때문에 상대방이 넘어지게 하는 일이 있어서는 안 되며, 예수님을 믿는 사람들 가운데 작은 사람이라 불리는 약자들을 소중히 여겨야 한다고 강조하신다.

ὑπόστασις 휘포스타시스

믿음은 바라는 것들의 **확신**이요, 보이지 않는 것들의 증거입니다.
_ 히 11:1

휘포스타시스는 '확신, 실체, 계획, 모험' 등의 뜻이 있다. '~ 아래에'라는 전치사 **휘포**(ὑπό), 그리고 '기립, 논쟁, 놓음'의 명사 **스타시스**(στάσις)가 합쳐져 '~ 아래에 서다, 두다'란 의미가 된다. 영어의 understand도 '아래에 서다'라는 뜻인데, 이 단어 역시 '이해하다, 확신하다'의 뜻으로 연결된다. 아래에 서보니 더욱 확실하게 알 수 있다는 의미로 연결된다고 할 수 있다. 히브리서는, 믿음이 우리가 바라는 것들을 확신하는 실체이고, 보이지 않는 것들의 증거가 된다고 설명한다. 그리스도인은 보이지 않는 것에 대해 확신을 가지고 살아가는 사람들이다. 보이지 않지만 실체로 받아들이고 증거로 만들어가며 살아가는 것이 믿음의 묘미다.

τόπος 토포스

내가 가서 너희가 있을 **곳**을 마련하면, 다시 와서 너희를 나에게로 데려다가, 내가 있는 **곳**에 너희도 함께 있게 하겠다. _ 요 14:3

토포스에는 '장소, 위치, 공간, 책임, 기회' 등의 뜻이 있다. 예수님께서는 하늘로부터 이땅에 오셔서 사람들의 죄를 대신해 형벌을 받고, 죄의 결과인 죽음을 이기고 부활하셨다. 그리고 우리로 하여금 다시금 하나님과 연결된 상태에서 생명을 가지고 살아갈 수 있는 구원의 길을 열어놓으셨다. 이제 예수님께서는 우리가 이땅에서의 삶을 마치고 돌아가 하나님과 함께할 장소를 마련하러 하늘로 올라간다고 말씀하신다. 재림하실 때 우리를 마련하신 그 장소로 다시 인도하고 그곳에서 함께하겠다고 약속하신 것이다. 예수님께서 마련하신 그곳을 향해 우리도 생명의 선물을 누리며 충실히 사명을 이행해가자.

παρρησία 파레시아

그러므로 우리는 **담대하게** 은혜의 보좌로 나아갑시다. 그리하여 우리가 자비를 받고 은혜를 입어서, 제때에 주시는 도움을 받도록 합시다.
_ 히 4:16

파레시아에는 '담대하게, 분명하게, 공개적으로, 솔직하게, 드러나게' 등의 뜻이 있다. 숨김없이 솔직하게 말하거나, 자신감 있게 대하는 태도를 뜻할 때 사용되는 부사다. 예수님께서 이땅에 오셔서 십자가에 달리신 사건은 우리 죄를 대신해 형벌을 받으신 것이다. 그리하여 그분이 십자가에 달려 죽으시는 순간 성전의 휘장이 찢어졌다. 이것은 우리가 이제 더 이상 제사장을 통해 희생제물을 드려 우리 죄를 용서받고 하나님께 나갈 필요없이 하나님의 은혜의 보좌로 직접 담대하게 나갈 수 있다는 의미다. 담대하게 하나님께 자비를 구하고 은혜를 입을 때, 우리는 하나님의 때에 적절하게 주시는 도움을 받을 수 있다.

δάκρυον 다크뤼온

나는 겸손과 많은 **눈물**로, 주님을 섬겼습니다. 그러는 가운데 나는 또, 유대 사람들의 음모로 내게 덮친 온갖 시련을 겪었습니다. _ 행 20:19

다크뤼온은 '눈물'로, '눈물을 흘리다'의 동사 다크뤼오(δακρύω)의 명사 형태다. 눈물은 사람의 진심과 맞닿은 감정의 표시다. 진심이 가득한 그 눈물은 공감과 사랑과 수고와 애씀이 녹아들어 있는 마음의 표현이다. 예수님께서도 기도하며 눈물을 흘리셨고, 목자 없는 양과도 같은 이들을 보며 마음 아파하셨다. 바울 역시 예루살렘으로 가기 전, 밀레도의 마지막 설교에서 자신은 하나님 앞에서 겸손과 많은 눈물로 주님을 섬겼다고 고백한다. 자신의 동족으로부터 많은 음모와 시련을 겪으면서도 바울은 복음을 부끄러워하지 않고 담대하게 섬겼다. 예수님과 바울처럼, 우리도 하나님 앞에서 겸손과 눈물로 섬겨야 할 것이다.

ὀφείλω 오페일로

이와같이, 너희도 명령을 받은 대로 다 하고 나서 "우리는 쓸모 없는 종입니다. 우리는 **마땅히 해야 할** 일을 하였을 뿐입니다" 하여라. _ 눅 17:10

오페일로에는 '마땅히 ~ 해야 한다, ~ 하는 것이 옳다, 자신의 책임을 행하다'라는 뜻이 있다. 그밖에 '빚지다, 채무를 지다'의 뜻도 있다. 주님께서 우리에게 맡기신 일들을 이행하는 것은 마땅히 해야 할 일을 하는 것이다. 이것은 **오페일로**의 다른 의미에서 보면, 우리가 예수 그리스도께 빚진 것에 대해 당연히 책임져야 할 일을 하는 것이므로 자랑할 것이 없는 것이다. 사실 예수님께서 당신의 목숨을 내주면서 우리를 살리고 구원해주신 것이므로, 그 은혜에 보답할 수 있는 길은 없다. 다만, 주님이 부탁하신 일들을 우리가 최선을 다해 할 뿐이며, 그것은 구원받은 자로서 마땅히 해야 하는 일이다.

ἕκαστος 헥카스토스

인자가 자기 아버지의 영광에 싸여, 자기 천사들을 거느리고 올 터인데, 그때에 그는 **각** 사람에게, 그 행실대로 갚아줄 것이다. _ 마 16:27

헥카스토스는 '각자의, 각각의' 뜻을 지닌 부사다. 영어로는 each, every와 같은 기능을 한다. 하나님께서는 우리를 하나님의 공동체로 부르셨으나, 동시에 하나님 앞에선 단독자로 부르셨다. 하나님께서는 공동체로 우리를 책망하기도 하고 칭찬하기도 하시지만 각각 한 사람의 행실을 책망하고 칭찬하기도 하신다. 그러므로 우리는 하나님 앞에 홀로 서 있는 사람처럼 기도하고 행동해야 할 것이다. 우리의 행실을 기억하시는 하나님께서 그 행실대로 갚으신다는 말씀을 기억하며 살아가고, 또한 악을 저지르는 사람들에게 그와같이 경고해야 할 것이다.

πρᾶξις 프라크시스

서로 거짓말을 하지 마십시오. 여러분은 옛 사람을 그 **행실**과 함께 벗어버리고, 새 사람을 입으십시오. _ 골 3:9-10

프라크시스는 '행실, 행동, 실천, 역할, 기능' 등의 뜻을 가지고 있다. 이 단어는 '행하다, 실천하다, ~에 연관되다'의 뜻을 가진 동사 프라쏘(πράσσω)에서 온 명사형이다. 영어의 '연습, 실천'을 뜻하는 praxis, practice가 이 단어에서 왔다. 거짓말은 죄의 결과다. 아담과 하와가 선악과를 먹고 처음 한 행위는 '거짓말'이었다. 그리스도와 함께 죽고 다시 살아나 새 사람을 입은 우리가 아직 죄에 머물러서는 안 된다. 그러므로 거짓말을 삼가고, 새 사람이 되기 전에 행했던 모든 행실을 내버리고, 구원받은 하나님의 자녀답게 살아야 한다. 이제 우리의 **프라크시스**는 새 사람의 것이어야 한다.

ψεύδομαι 프슈도마이

나는 이것을 증언하도록 선포자와 사도로 임명을 받아 믿음과 진리로 이방 사람을 가르치는 교사가 되었습니다. 나는 지금 참말을 하지, **거짓말을 하지** 않습니다. _ 딤전 2:7

프슈도마이는 '거짓말하다, 속이다'라는 뜻의 동사다. 거짓의 뜻을 가지고 있는 접두어 프슈도(ψευδο)가 붙으면, 모두 '거짓을 행하는' 또는 '가짜의' 사람이 된다. 예를 들어 프슈다델포스(ψευδάδελφος)는 거짓 형제, 프슈다포스톨로스(ψευδαπόστολος)는 거짓 사도, 프슈도디다스칼로스(ψευδοδιδάσκαλος)는 거짓 선생, 프슈도로고스(ψευδολόγος)는 거짓말이 된다. 바울은 복음의 선포자와 사도로, 또 믿음과 진리의 교사로 이방 사람들을 인도했고, 그 모든 일 가운데 참말을 하고 거짓말을 하지 않았다고 고백한다. 우리도 복음의 선포자, 사도, 믿음과 진리의 교사 역할을 충실히 하되 거짓말이 아닌 진실의 말로 선한 영향력을 끼칠 수 있도록 기도하자.

νουθετέω 누떼테오

그리스도의 말씀이 여러분 가운데 풍성히 살아있게 하십시오. 온갖 지혜로 서로 가르치고 **권고하십시오**. 감사한 마음으로 시와 찬미와 신령한 노래로 여러분의 하나님께 마음을 다하여 찬양하십시오. _ 골 3:16

누떼테오는 '권고하다, 가르치다, 충고하다, 안내하다' 등의 뜻이 있다. 이 단어는 '정신, 생각'을 의미하는 누스(νοῦς), 그리고 '놓다, 두다'의 동사 티떼미(τίθημι)의 합성어로, '정신을 또는 생각을 놓다'라는 문자적 의미를 가지고 있다. 우리 마음과 생각 안에 그리스도의 말씀이 풍성히 살아 있어야 믿음으로 살아갈 수 있다. 또한 하나님을 경외하는 지혜로 서로 가르치고 권고를 하라고 말씀하셨다. 권고한다는 것은 깊은 생각과 고민 후에 길을 안내하는 것이다. 그렇게 서로를 도우면서 감사한 마음으로 하나님께 마음을 다하여 찬양하며 살아가는 것, 이것이 거룩한 삶의 내용이다.

μυρίζω 뮈리조

이 여자는, 자기가 할 수 있는 일을 하였다. 곧 내 몸에 **향유를 부어서**, 내 장례를 위하여 할 일을 미리 한 셈이다. _ 막 14:8

뮈리조는 '향유를 붓다, 기름을 바르다'라는 말이다. 향유를 붓는 행위는 그 당시 유대문화에서 여러 의미가 있다. 첫째, 하나님께 선택된 왕에게 기름을 부어 하나님의 통치 대리인으로 세우는 것이다. 그리하여 '메시아'라는 히브리어의 의미는 '기름부음받은 자'라는 의미다. 둘째, 향유를 바르는 것은 몸을 치장할 때 하는 행위다. 특히 식사문화에서 손님들을 대접할 때 먼저 손을 씻게 하고 향유를 발라주었다. 귀한 사람으로 특별하게 환대한다는 의미다. 셋째, 시체를 관리할 때도 향유를 발랐다. 예수님께서는 여인이 향유를 부은 일은 죽음으로 메시아 사역을 완성시킬 자신의 미래를 준비한 것이라고 해석하셨다. 그래서 그것은 예수님을 메시아로 선포할 뿐 아니라, 죽음으로 구원사역을 이루어가실 것이라는 예수님의 길을 준비한 행동이었다.

ἀρνέομαι 아르네오마이

예수께서 대답하셨다. "네가 나를 위하여 네 목숨이라도 바치겠다는 말이냐? 내가 진정으로 진정으로 너에게 말한다. 닭이 울기 전에, 너는 세 번 나를 **모른다고** 할 것이다." _ 요 13:38

아르네오마이는 '부인하다, 거절하다, 인정하지 않다, 외면하다, 무시하다, 버리다' 등의 뜻이 있다. 대부분 부정적인 대답의 맥락에서 사용한다. 예수님께서는 제자들 중 누가 자신을 배신할지, 누가 부인할지 알고 계셨던 것 같다. 그리고 자신의 미래를 앞두고 확신에 차서 함부로 맹세하는 제자들에게 경고하셨다. 열두 제자들 중 수제자라 할 수 있는 시몬 베드로는 십자가의 길을 가야 하는 것을 알고 착잡해 하시던 예수님께 자신은 절대로 주님을 배반하지 않는다고, 목숨이라도 바쳐서 주님을 따르겠다고 맹세한다. 그런 시몬에게 예수님께서는 확신하지 말라고, 곧 세 번이나 예수님을 부인하게 될 것이라고 말씀하신다. 우리 역시 언제든 베드로와 같은 모습을 보일 수 있다. 그럼에도 불구하고 예수님은 우리의 연약함을 아시고 시험에 들지 않도록 기도해주시는 분이다.

 엔

그날에 너희는, 내가 아버지 **안**에 있고, 너희가 내 **안**에 있으며, 또 내가 너희 **안**에 있음을 알게 될 것이다. _ 요 14:20

엔은 전치사로 '~ 안에, ~에'라는 뜻을 지녔다. 이 단어는 하나님과 그리스도와의 연합, 그리스도와 우리와의 연합의 신비를 알려주는 전치사다. 예수님께서는 하나님 안에 계시므로 하나님께서 곧 예수님으로 나타나셨다. 예수님께서는 우리가 바로 예수님 안에 있고, 예수님께서 우리 안에 계신다고 말씀하시면서 늘 우리와 함께 계심을 확인해주셨다. 하나님께서 예수님 안에, 우리가 예수님 안에, 예수님께서 우리 안에 계신다는 것은 우리가 하나님 안에 있고, 예수님을 통해 하나님과 사귐을 갖게 되는 축복을 누린다는 의미다. 이렇게 늘 우리와 함께하시는 예수님께서 바로 내 안에 계심을 오늘도 확인하고 감사하며 예수님의 사람답게 살도록 하자.

ἐχθρός 엑크뜨로스

너희는 너희 **원수**를 사랑하고, 너희를 박해하는 사람을 위하여 기도하여라. _ 마 5:44

엑크뜨로스는 '적의 있는, 미워하는, 혐오하는, 적대적인' 등의 뜻의 형용사이고, 형용사의 독립적인 용법으로 사용되어 '원수'라는 명사가 될 수 있다. 예수님께서는 기존의 유대인들이 알고 있었던 모세의 율법을 뛰어넘는 가르침을 전하셨다. 유대인들은 "눈에는 눈, 이에는 이", 즉 받은 대로 갚아주는 것을 공정으로 삼았지만, 예수님께서는 그것을 뛰어넘는 더 높은 의로움을 요구하신다. 그것은 바로 우리를 해하는 원수를 사랑하고, 박해하는 사람을 위해 기도하라는 것이다. 이러한 가르침을 몸소 실천해보이신 것이 바로 십자가에 달려 돌아가신 일이다. 이렇게 원수를 사랑하고 박해하는 사람을 위해 기도하신 예수님의 결말은 모든 죄악으로부터 승리하신 부활이었다.

ὑπερβολή 휘페르볼레

지금 우리가 겪는 일시적인 가벼운 고난은, **비교할 수 없을 정도로** 영원하고 **크나큰** 영광을 우리에게 이루어줍니다. _ 고후 4:17

휘페르볼레는 '우월, 탁월한 능력, 우수성'을 의미한다. 이는 '~을 능가하다, ~을 뛰어넘다'라는 동사 휘페르발로(ὑπερβάλλω)의 명사형이다. 전치사 휘페르(ὑπέρ)는 '~ 위에, ~를 뛰어넘는'이란 뜻이고, 동사 발로(βάλλω)는 '던지다, 놓다'의 뜻이 있다. '~을 뛰어넘는 위치에 놓다'라는 뜻이며 그만큼 탁월하고 우수하다는 의미를 가진다. 우리가 지금 이 세상에서 고난을 겪고 있다면, 앞으로 우리에게 주어질 영광은 그 고난을 뛰어넘는 비교할 수 없을 만큼 탁월하고 훌륭한 것이라고 설명한다. 그러므로 잠시 겪을 고난을 감사함으로 견디고, 앞으로 받게 될 영원한 그리스도의 영광을 바라보자는 것이다. 고난에 감사할 수 있는 사람은 아름다운 그리스도의 영광의 꽃을 피우는 사람이다.

διαφέρω 디아페로

하나님께서는 너희 머리카락까지도 다 세고 계신다. 두려워하지 말아라. 너희는 많은 참새보다 **더 귀하다**. _ 눅 12:7

디아페로는 '더 귀하다, 더 가치가 있다'라는 말이다. 그밖에 '다르다, 나르다, 가져가다'의 뜻이 있다. 문자적으로는 '~를 통하여'라는 뜻의 전치사 **디아**(δια), 그리고 '가져오다, 견디다'의 뜻인 동사 **페로**(φέρω)의 합성어다. '~를 통하여 견디다, 짊어지다'의 의미로 '더 가치가 있다'의 뜻이 될 수 있고, 디아(διά)를 '분리하는, 가르는'의 전치사의 뜻으로 사용해 '다르다'의 뜻이 될 수 있으며, 이는 일반적인 것과 다르니 '더 가치 있는'이라는 의미로 연결될 수 있다. 그밖에도 '~를 통하여 나르다, 움직이다'의 뜻으로 이해할 수 있다. 우리의 머리카락까지 세신다는 표현만큼 우리의 상황을 잘 알고 계신다는 것이며, 우리의 존재를 귀하게 생각하고 계신다는 뜻이다.

δέχομαι 데코마이

예언자를 예언자로 **맞아들이는** 사람은, 예언자가 받을 상을 받을 것이요, 의인을 의인이라고 해서 **맞아들이는** 사람은, 의인이 받을 상을 받을 것이다. _ 마 10:41

데코마이는 '맞아들이다, 받다, 영접하다, 환영하다, 취하다' 등의 뜻이다. 신약성경에서 자주 사용되는 동사로 사람을 목적어로 취할 때는 '맞아들이다'라는 뜻으로 사용된다. 우리는 다방면에서 하나님의 일을 할 수 있다. 왜냐하면 예언자를 예언자로 맞아들이고 환대하는 사람은 예언자의 일에 동참하는 것으로 예언자가 받을 상을 받는다고 말씀하셨고, 의인을 의인이라고 영접하는 사람은 의인의 일에 동참하는 것이고 그가 받을 상을 같이 받는다고 말씀하셨기 때문이다. 그러므로 우리는 하나님의 일에 헌신하는 자들을 환대하고 돕고, 또 우리가 하나님의 일에 헌신할 때, 우리가 받을 수 있는 상은 배가 될 것이다. 지금은 베풂과 배려가 이 세상에서 메마르지 않도록 우리의 마음과 손을 활짝 열 때다.

ἀναγινώσκω 아나기노스코

이 예언의 말씀을 **읽는** 사람과 듣는 사람들과 그 안에 기록되어 있는 것을 지키는 사람들은 복이 있습니다. 그때가 가까이 왔기 때문입니다.
_ 계 1:3

아나기노스코에는 '읽다, 낭독하다, 깨닫다'라는 뜻이 있다. '~ 위를, 다시, ~에 대하여'의 뜻이 있는 **아나**(ἀνα), 그리고 '알다'의 동사 **기노스코**(γινώσκω)의 합성동사로, 문자적으로는 '~에 대하여 알다'라는 뜻이다. 문자를 읽는 것이 보편적이지 않던 시대에 무엇인가 깨닫는다는 것은 곧 읽을 수 있다는 뜻과 상통했던 시대다. 물론 지금은 읽는다고 해서 깨닫는 시대는 아니지만, 문자 읽기가 보편적이지 않던 시대에 읽는 것은 곧 깨닫는 것을 의미했다. 하나님의 말씀을 읽는 사람과 듣는 사람, 무엇보다도 그것을 지키는 사람은 복이 있다고 말씀하신다. 예수님께서 오신 시대는 종말의 시대고, 그 종말은 지금도 계속되고 있다. 그러므로 우리는 하나님의 말씀을 읽고, 듣고, 지키는 것이 바로 하나님의 복임을 깨닫고 명심해야 할 것이다.

ἀπολούω 아폴루오

그러니 이제 망설일 까닭이 어디 있습니까? 일어나, 주님의 이름을 불러서, 세례를 받고, 당신의 죄 **씻음을 받으시오**. _ 행 22:16

아폴루오는 '씻다, 목욕하다, 닦아내다'라는 말이다. '~로부터'의 전치사 아포(ἀπό), 그리고 '씻어내다'의 동사 루오(λούω)의 합성어로 '~로부터 씻어버리다'라는 뜻이다. 특히 '죄로부터 씻음을 받다'의 뜻에서 **아폴루오** 동사를 사용한다. 세례를 받는다는 것은 물로 더러움을 깨끗이 씻어내듯이 죄를 씻어내고 새로운 사람이 된다는 의미다. 세례 요한이 시작한 세례운동은 사람들로 하여금 물로 죄를 씻어내는 세례를 시작해 회개하는 삶으로의 변화를 일으켰다. 이제 우리는 성부, 성자, 성령 하나님의 이름으로 세례를 받는다. 물론 세례예식에서 물이 매개체가 되지만, 그것은 상징적인 예식이다. 이제는 삼위일체 하나님께서 우리의 죄를 씻어주신다.

συνείδησις 쉬네이데시스

나는 그리스도 안에서 참말을 하고, 거짓말을 하지 않습니다. 내 **양심**이 성령을 힘입어서 이것을 증언하여줍니다. _ 롬 9:1

쉬네이데시스는 '양심, 자각, 의식' 등을 뜻한다. 어떤 것에 대한 정보를 주의깊게 살피는 행위이며, 옳고 그름을 판단하는 도덕적, 윤리적 기대에 대한 민감성과 관련되어 있다. '~와 함께'라는 전치사 쉰(σύν), 그리고 '~을 알다'라는 동사 호라오(ὁράω)의 단순과거형태 에이돈(εἶδον)이 결합한 쉰에이돈(συνεῖδον)으로부터 온 명사다. 문자적으로는 '함께 앎'의 뜻이고 마음이 아는 '양심'이라고 해석하면 될 것 같다. 양심은 인간의 마음 안에 있는 옳고 그름을 저절로 아는 생각의 힘이다. 우리가 성령을 힘입게 되면 그 양심이 우리가 참말을 하고, 거짓말을 하지 않는다는 것을 증언해준다고 설명한다. 성령의 힘으로 우리의 양심이 더욱 깨어나는 것이다.

ἐνοικέω 엔오이케오

하나님의 성전과 우상이 어떻게 일치하겠습니까? 우리는 살아계신 하나님의 성전입니다. 그것은 하나님께서 말씀하신 바와 같습니다. "내가 그들 가운데 **살며**, 그들 가운데로 다닐 것이다. 나는 그들의 하나님이 되고, 그들은 내 백성이 될 것이다." _ 고후 6:16

엔오이케오는 '살다, 거주하다'라는 뜻이다. '~ 안에, ~에'의 전치사 엔(ἐν), 그리고 집이라는 오이코스(οἶκος)를 품고 있는 '살다'라는 동사 오이케오(οικέω)가 합쳐져 '~ 안에 살다'라는 뜻이다. 하나님께서 거주하시는 곳은 온 세상 어디에나 가능하지만, 그분은 우리 안에 거하겠다고 말씀하셨다. 그러므로 우리 몸이 하나님께서 사시는 성전이다. 하나님께서 내 안에, 내가 하나님 안에 거하며 함께 사귐을 가지고 살아가는 것이 바로 신앙인의 실존이다. 하나님의 성전인 나 자신을 거룩하게 하나님께 드리며 하나님께서 기뻐하시는 삶의 내용이 될 수 있도록 기도하고 실천하는 하루를 만들자.

ἐντέλλω 엔텔로

내가 너희에게 **명하는 것은** 이것이다. 너희는 서로 사랑하여라. _ 요 15:17

엔텔로는 '명하다, 지시하다, 가르치다'라는 뜻의 말이다. 문자적으로는 '~에, 안에'의 전치사 **엔**(ἐν), 그리고 '성취하다'의 동사 **텔로**(τελέω)가 합쳐져 '~ 안에서 성취하다'의 의미를 가지고 있다. 헬라어에는 주어가 참여하고 강조하는 중간태라는 시제가 있는데, 요한복음 15장 17절에는 **엔텔로**의 중간태 형태인 엔텔로마이(ἐντέλλομαι)가 사용되어 예수님도 서로 사랑하라는 명령에 참여하고 있음을 알려주고 있다. 예수님께서 이땅에 오셔서 구원 사역을 하면서 가장 강조하신 하나님의 메시지는 하나님을 사랑하고, 하나님을 사랑하는 방법으로 "서로 사랑"하라는 명령이었다. **엔텔로**가 가르치고 지도하는 의미가 있는 것처럼, 예수님의 명령으로 받되 서로 가르치고 지도하여 사랑을 실천할 수 있도록 노력하자.

συντέλεια 쉰텔레이아

내가 너희에게 명령한 모든 것을 그들에게 가르쳐 지키게 하여라. 보아라, 내가 세상 **끝 날**까지 항상 너희와 함께 있을 것이다. _ 마 28:20

쉰텔레이아에는 '끝 날, 종말, 마지막'의 뜻이 있다. '~와 함께'라는 전치사 쉰(σύν), 그리고 '완성하다'의 동사 텔로(τελέω)가 합성된 동사 쉰텔로(συντελέω)의 명사형이다. 쉰텔로는 시간적 기간에 대해 '완료하다, 끝나다, 마치다, 마무리하다' 등의 의미가 있다. 세상의 끝 날이 언제일지 우리는 전혀 알 수 없고, 시기와 때에 관련해서는 전적으로 그것은 하나님의 주권에 속한다. 우리가 해야 할 것은 주님께서 명령하신 것들, 즉 모든 민족을 예수님의 제자로 삼아 성부, 성자, 성령의 이름으로 세례를 주고, 주님이 명령하신 모든 가르침을 전달하고 지키게 하는 것이다. 예수님께서는 세상 끝까지 항상 우리와 함께하겠다고 약속하셨다. **쉰텔레이아**가 언제일지는 모르나, 그것과 상관없이 항상 지켜주시겠다는 말씀에 감사하고 오늘 하루를 성실하게 살아가는 것이 그리스도인의 올바른 삶의 방향이다.

μισέω 미세오

누가 하나님을 사랑한다고 하면서, 자기 형제자매를 **미워하면**, 그는 거짓말쟁이입니다. 보이는 자기 형제자매를 사랑하지 않는 사람이 보이지 않는 하나님을 사랑할 수 없습니다. _ 요일 4:20

미세오는 '미워하다, 무시하다'라는 말이다. 어떤 사람, 또는 사물을 강하게 미워하거나, 주의를 기울일 가치가 없다고 생각해 무시할 때 사용하는 동사다. 요한일서 4장 20절 말씀에서 '미워하다'의 **미세오** 동사와 대비되는 표현은 '사랑하다'의 아가파오(ἀγαπάω) 동사다. 즉 하나님을 사랑하면서 형제자매를 미워하는 일은 어불성설이라는 것이다. 보이지 않는 하나님을 사랑하는 방법이 곧 보이는 형제자매를 사랑하는 것이라고 말씀하신다. 우리 한국교회가 깊이 묵상하고 자신을 성찰해봐야 할 말씀이다. 우리는 하나님을 사랑한다고 쉽게 말하지만, 보이는 형제자매를 사랑하고 용서하는 일에는 많이 인색하다. 우리 자신이 거짓말쟁이가 되지 않도록 하나님께 성령충만과 은혜를 구하며, 형제자매에게 용서와 사랑을 실천해보려는 '마음먹기'부터 시작해보자.

ναί 나이

이 모든 계시를 증언하시는 분이 이렇게 말씀하셨습니다. "**그렇다**. 내가 곧 가겠다." 아멘. 오십시오. 주 예수님! 주 예수의 은혜가 모든 사람에게 있기를 빕니다. 아멘. _ 계 22:20-21

나이는 '그렇다, 분명히, 진실로, 확실히'라는 뜻을 전해주는 불변화사다. 질문의 맥락에서는 긍정의 답을 의미하는 것으로 쓰이고, 강조하거나 반복할 때, 확실하게 하고 싶을 때도 사용한다. 예수님께서는 종말의 시대를 살아가고 있는 하나님의 백성들에게 확실한 긍정의 언어 **나이**로 말씀하시며 다시 오심을 약속하셨다. 우리는 그 약속을 믿으며 주님이 오실 때까지 예수님의 은혜를 구하면서 우리에게 맡겨진 십자가와 사명을 지속해야 한다. 예수님께서는 긍정의 언어 **나이**에, 우리는 긍정의 언어 '아멘'으로 화답하며, 하나님께서 이루실 일들을 기대하고 예수님의 은혜가 모든 사람에게 있기를 기도하자.

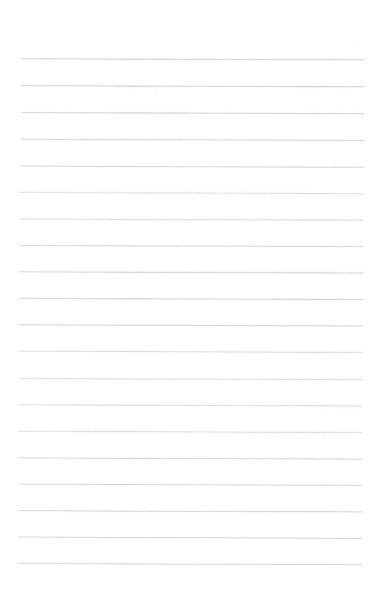

우리말 순으로 찾는 **헬라어 365**

헬라어	NO.	성경
디다스칼로스	64	요 3:2
디다스코 / 디다케	219	막 1:22
디도미	113	행 20:35
디아떼케	84	눅 22:20
디아볼로스	106	요일 3:8
디아스톨레	339	롬 10:12
디아코네오	29	막 10:45
디아페로	356	눅 12:7
디오	316	롬 1:24
디오코	47	딤후 3:12
디카이오쉬네	17	롬 3:21
디카이오스	60	마 1:19
따나토스	82	약 1:15
따르세오	167	마 9:22
따우마조	229	막 6:5-6
딸라싸	213	마 15:29
떼라퓨오	90	마 10:1
떼사우로스	270	고후 4:7
떼오레오	310	막 15:40
떼오프뉴스토스	192	딤후 3:16
뗄레마	32	눅 22:42
뗄로	110	막 1:41
뛰가테르	289	막 5:34
뛰라	148	계 3:20
뛰시아	97	히 13:16
라오스	292	눅 7:29
람바노	71	요 13:20
람바노	117	요 13:20
레고	68	마 5:18
레마	311	롬 10:8
레이포	216	약 1:5
로고스	3	요 1:1
로기조마이	181	빌 4:8
뤼페오	279	엡 4:30

헬라어	NO.	성경
리또스	305	벧전 2:4
마떼테스	34	마 10:1
마르튀리온	126	행 4:33
마카리오스	87	마 5:3-4
마크로뛰메오	336	고전 13:4
말론	221	빌 1:9-10
맘몬나스	206	눅 16:13
메가스	276	막 10:43
메갈뤼노	299	눅 1:46-48
메노	67	요 15:10
메륌나오	261	빌 4:6
메소스	204	마 18:20
메타	259	마 28: 20
메타노이아	21	눅 3:8
메타모르포마이	265	마 17:1-2
메타바이노	214	요 13:1
메테르	171	요 19:26-27
멜로스	124	고전 12:26
모노스	332	요 17:3
뮈리조	351	막 14:8
뮈스테리온	49	골 4:3
므네모쉬논	121	행 10:4
미메테스	159	고전 4:16
미세오	364	요일 4:20
미스또스	201	막 9:41
미크로스	203	마 18:14
바실레이아 투 떼우	24	고전 4:20
바실류스	66	요 6:15
밥티스마	19	눅 3:3
보아오	254	막 1:3
보에또스	191	히 13:6
브라뒤스	273	약 1:19
블라스페메오	318	막 3:28-29
사르크스	59	갈 5:24

헬라어	NO.	성경
사바톤	135	눅 4:16
사타나스	107	마 4:10
세메론	297	마 6:11, 눅 19:9
세메이온	65	요 2:23
소테리아	9	롬 13:11
소피아	44	눅 2:52
쉬나고게	56	마 13:54
쉬네이데시스	360	롬 9:1
쉬니에미	153	엡 5:16-17
쉰에코	315	고후 5:14
쉰텔레이아	363	마 28:20
스칸달리조	341	마 18:6
스코티아	175	요일 1:6
스클레뤼노	317	히 3:7-8
스키조	179	막 1:10
스타우로스	42	히 12:2
스테리조	252	롬 16:25
스토마	312	요이 1:12
스페르마 / 아그로스	248	마 13:37-38
스페이로	308	약 3:18
스푸우데	329	유 1:3
스플랑크니조마이	115	막 6:34
쏘마	75	롬 12:1
쏘조	94	요 3:17
쏘테르	95	딤전 4:10
아가또스	102	마 12:35
아가페	1	요일 4:9
아고니조마이	331	눅 13:24
아나기노스코	358	계 1:3
아나렘프시스	196	눅 9:51
아나바이노	118	요 20:17
아나블레포	79	막 10:52
아나스타시스	14	요 11:25-26
아나카이노	284	골 3:10

헬라어	NO.	성경
아나파우시스	244	마 11:29
아낭케	321	고후 9:7
아노뗀	307	약 3:17
아노이고	199	눅 11:9
아니스테미	227	행 9:34
아델포스 / 아델페	177	약 2:1
아디키아	272	요일 5:17
아르네오마이	352	요 13:38
아르케	116	요 1:1
아르케오	190	히 13:5
아르코마이	283	마 4:17
아르키에류스	300	막 14:60
아르토스	27	마 4:4
아멤프토스	255	살전 5:23
아스떼네이아	240	고후 12:9
아우크사노	319	요 3:30
아이오니오스	62	롬 6:23
아이테오	138	마 7:7
아콜루떼오	77	막 8:34
아쿠오	69	약 1:19
아파르네오마이	251	막 8:34
아포뜨네스코	239	롬 6:10
아포스톨로스	35	막 3:13-14
아포칼립프시스	92	계 1:1
아포크리노마이	228	막 15:4-5
아폴루오	359	행 22:16
아폴뤼미	323	살후 2:9-10
아피스티아	209	막 9:24
아피에미	43	마 18:35
안뜨로포스	55	롬 1:21
안티크리스토스	260	요일 4:3
알레떼이아	2	요 8:32
알렐론	137	요 13:34-35
암노스	180	요 1:29

헬라어	NO.	성경
압빠 호 파테르	54	롬 8:15
앙겔로스	16	눅 1:35
에게히로	129	고후 1:9
에고 에이미	169	요 14:6
에네르게오	156	빌 2:13
에뜨노스	89	롬 15:9
에레모스	26	막 1:12-13
에르곤	182	약 2:17
에르코마이	165	요 16:13
에스띠오	225	마 11:19
에스카토스	103	히 1:2
에이레네	23	엡 2:14-16
에이콘	286	골 1:15
에코오	163	롬 15:4
에클레시아	5	엡 1:22-23
에파이스퀴노마이	274	롬 1:16
에팡겔리아	33	딤후 1:1-2
에피뛰미아	257	요일 2:16
에피스톨레	93	고후 3:3
에피스트레포	291	눅 1:16-17
에피우시오스	295	마 6:11
에피트레포	304	고전 16:7
에피티마오	168	막 8:33
엑수시아	73	마 28:18-20
엑크뜨로스	354	마 5:44
엑크발로	112	마 10:8
엑크소 / 에쏘	285	고후 4:16
엑클로게	154	살전 1:4
엔	353	요 14:20
엔오이케오	361	고후 6:16
엔텔로	362	요 15:17
엔토스 휘몬	158	눅 17:20-21
엔톨레	57	요일 3:23-24
엘라키스토스	178	마 25:40

헬라어	NO.	성경
엘레손 메	277	막 10:47
엘레오스	99	엡 2:4-5
엘류떼리아	86	갈 5:13
엘피스	46	롬 8:24-25
엠프로스뗀	290	살전 2:19
엥기조	250	마 4:17
오노마	40	행 3:6
오로스	155	눅 6:12
오르게	268	롬 1:18
오이다	141	빌 4:12
오이코도메오	326	살전 5:11
오이코스	142	막 11:17
오이쿠메네	333	행 17:31
오이크티르몬	224	눅 6:36
오클로스	83	막 2:13
오페이레마	296	마 6:12
오페일로	346	눅 17:10
오프딸모스 / 우스	247	마 13:16
올리고피스티아	278	마 17:20
우라노스	61	마 6:9-10
유도키아	241	엡 1:5
유뚜스	78	막 1:20
유앙겔리온	7	롬 1:16
유오디아	322	고후 2:15
유카리스테오	31	살전 5:18
율로게오	13	막 6:41
이두	150	마 1:23
이스퀴스	183	막 12:30
익투스	218	눅 5:5-6
자오	238	고후 13:4
제테오	139	고전 10:24
젤로스	338	롬 13:13
조에	6	요 11:25-26
쥐메	302	눅 13:21

헬라어	NO.	성경
카뒤도	303	살전 5:6
카띠조오	220	막 10:37
카라	185	롬 14:17
카르디아	41	롬 10:9-10
카르포스	58	갈 5:22-23
카리스	12	고전 1:4
카리스마	28	고전 12:4
카멜로스	287	마 19:24
카이노스	74	고후 5:17
카이로	25	빌 4:4
카이로스	20	막 1:15
카코스	101	살전 5:15
카타뤼오	186	막 14:58
카타바이노	119	요 6:33
카타페타스마	309	막 15:37-38
카탈라쏘	198	롬 5:10
카테르가조마이	275	고후 7:10
칼레오	109	마 9:13
칼로스	100	딤전 4:6
케뤼쏘	91	막 1:14
케이르	136	마 8:3
케팔레	53	엡 4:16
코스모스	50	요 3:17
코포스	122	고전 15:58
코피아오	242	마 11:28
퀴리오스	39	요 20:28-29
크라조	208	마 27:50
크레스토스	337	엡 4:32
크레이아	162	요일 3:17
크로노스	193	행 1:7
크리노	76	요 5:30
크티스테스	132	벧전 4:19
크티시스	133	롬 8:18-19
클레로노메오	264	고전 15:50

헬라어	NO.	성경
포이에오	143	요 5:16-17
푸우스	235	요 13:14
퓌르	215	눅 3:16
프라우스	98	마 5:5
프라크시스	348	골 3:9-10
프로바톤	298	요 10:14-15
프로소폰	202	마 18:10
프로슈코마이	11	살전 5:16-18
프로스카이로스	271	고후 4:18
프로스퀴네오	10	요 4:23
프로스티떼미	189	마 6:33
프로이스테미	327	롬 12:8
프로토스	104	계 22:13
프로페테스	80	눅 7:16
프르후레오	263	벧전 1:5
프쉬케	120	요 15:13
프슈도마이	349	딤전 2:7
프토코스	123	눅 6:20
플레로마	230	롬 13:10
플레로오	187	마 5:17
플로이온	174	눅 8:22-23
피스티스	18	롬 3:22
피프토	335	고전 10:12
필라델피아	231	롬 12:10
하기아조	232	딤후 2:21
하기오스 프뉴마	4	행 1:8
하마르티아	36	롬 5:12
하이마	96	히 10:19
하플로테스	280	고후 9:11
할라스	176	마 5:13
할리유스	173	막 1:17
헤이스	72	롬 12:5
헤테로스	313	눅 17:34
헤토이마조	195	요 14:3

생각을 깨우는 헬라어 365

1쇄 발행일 2024년 3월 25일

지은이 김성희
펴낸이 최종훈
펴낸곳 봄이다 프로젝트
등록 2017-000003
주소 경기도 양평군 서종면 황순원로 414-58 (우편번호 12504)
전화 02-733-7223
이메일 hoon_bom@naver.com

책임편집 이나경
디자인 designGo
표지 이미지 shutterstock
인쇄 SP

ISBN 979-11-92240-09-1
값 23,000원